BIBLIOTHÈQUE D'HISTOIRE DE L'ART

LES ARTS MUSULMANS

PAR

GASTON MIGEON

DIRECTEUR HONORAIRE DES MUSÉES NATIONAUX

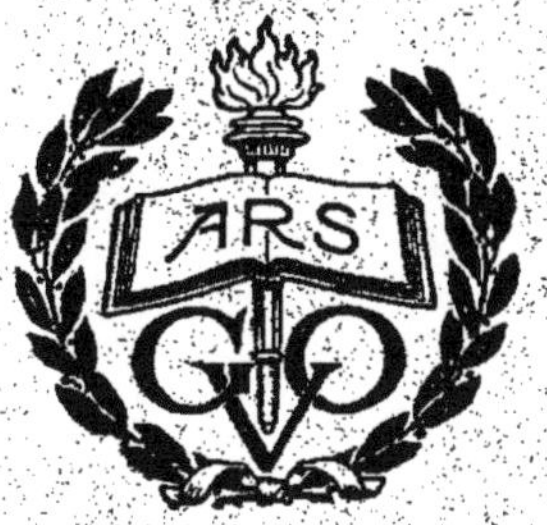

PARIS ET BRUXELLES

LIBRAIRIE NATIONALE D'ART ET D'HISTOIRE

G. VAN OEST, ÉDITEUR

1926

LES ARTS MUSULMANS

BIBLIOTHÈQUE D'HISTOIRE DE L'ART

LES
ARTS MUSULMANS

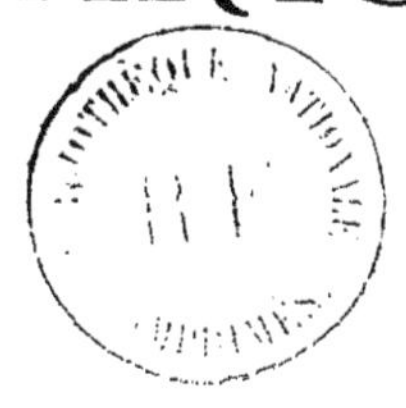

PAR

GASTON MIGEON

DIRECTEUR HONORAIRE DES MUSÉES NATIONAUX

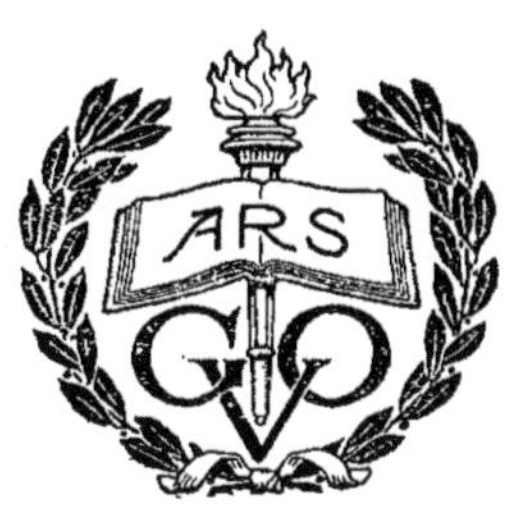

PARIS ET BRUXELLES
LIBRAIRIE NATIONALE D'ART ET D'HISTOIRE
G. VAN OEST, ÉDITEUR
—
1926

A MON AMI

RAYMOND KŒCHLIN

LES ARTS MUSULMANS

I

L'ARCHITECTURE

1. Le début de l'Islam. Ses premiers édifices. La Ka-bah de la Mecque, la mosquée d'Amrou, la Qubbat as Sakhrah ou mosquée d'Omar a Jérusalem.

Après avoir déclaré sa foi et commencé sa prédication au sanctuaire fameux de l'Arabie, la Ka-bah de la Mecque, Mahomet, devant l'opposition qu'il avait rencontrée, avait dû disparaître et mener pendant quelques années une vie errante. Invité par ses adhérents à venir les rejoindre à Médine, il s'y fixait en 622. C'est l'année dite de « Hidjra » (Hégire, émigration), de laquelle les musulmans firent dater leur calendrier.

Ce premier sanctuaire de l'Islam, la Ka-bah de la Mecque, avait une très antique histoire, à laquelle étaient rattachés les souvenirs d'Agar et d'Ismael, d'Abraham et de l'ange Gabriel ; la miraculeuse fontaine de Zamzam en était toute voisine. La légende a établi que du temps de Mahomet un incendie l'avait déjà détruite, et qu'un hasard heureux permit qu'un navire chargé de matériaux destinés à la reconstruction d'une église d'Abyssinie, avec son architecte copte ou grec, échouât à Jiddah sur la mer Rouge, et que tout son chargement servît à reconstruire la Ka-bah. Il est impossible, par suite des remaniements successifs qu'elle subit, d'établir ce qu'elle put être à l'origine.

Après la mort de Mahomet (632), ses compagnons partaient à la conquête du monde qu'ils allaient soumettre à l'Islam. Amrou, en 640, occupait l'Égypte, fondait au bord du Nil une capitale qu'il appelait Fostat (la Tente), et y édifiait une mosquée, dont rien d'actuel ne nous permet de reconnaître l'ancien édifice. — Kufah, près de Hirah, en Mésopotamie, occupée par Ali, devenait en 656 la capitale de l'Irak ; une mosquée y était édifiée dont il ne reste aucun vestige ; peut-être le géographe Ibn Jubayr l'avait-il visitée encore en 1184, et Tavernier, au XVIIe siècle, vit encore non loin de là des ruines bien importantes. En 639 Omar entrait à la tête de ses troupes dans Jérusalem. Sur une vaste colline qui avait porté successivement les temples de Salomon, d'Hérode et d'Hadrien, que les Perses de Chosroès, vingt-cinq ans plus tôt, en 614, avaient pris et fort endommagés, Omar aurait décidé d'édifier une mosquée là où existaient la Porte Dorée et la « Sakhrah » ou Roc sacré ; on l'appela la Qubbat as Sakhrah, ou bien, suivant la dénomination des Croisés, la mosquée d'Omar. C'est un des plus beaux monuments du monde, dont nous avons encore conservé aujourd'hui à peu près la physionomie primitive (pl. I et II).

De plan octogonal, elle porte une haute coupole tapissée d'une merveilleuse mosaïque à larges motifs décoratifs, verts et or, portée sur une enceinte concentrique intérieure de superbes colonnes de marbre vert et de porphyre rouge, à chapiteaux dorés, travaux dont il faut reporter surtout l'honneur au khalife ommiade de Damas, Abd al Malik, qui voulut en 691 en faire le sanctuaire le plus vénéré de l'Islam. Il subit des réfections surtout sous le khalife El Mamun et après l'incendie de 1448. On est à peu près d'accord pour y reconnaître le plan et les procédés de construction chrétiens-byzantins.

2. Influences subies par l'architecture musulmane a ses débuts.

Le peuple arabe n'avait aucun art personnel et original, il était dépourvu de tout sens architectural. Il ne put, au début, qu'utiliser au profit de son culte récent les édifices qu'il rencontrait dans les nouveaux pays qu'il conquérait ; quant à ceux qu'il allait construire, il ne put que se servir de la main-d'œuvre que lui procuraient les régions soumises. Ce furent tous les éléments empruntés à tant d'arts divers qui avaient fleuri sur les terres conquises à l'Islam, qui contribuèrent à la naissance d'un style nouveau.

Le début du VIIe siècle avait vu s'élever à Constantinople un monument byzantin grandiose : Sainte-Sophie, dont la renommée dut être immense dans toute la chrétienté. Il n'est pas douteux que beaucoup de constructeurs musulmans s'en inspirèrent par la suite.

La Syrie, province chrétienne, s'était couverte d'églises surtout au VIe siècle, à Édesse, à Antioche, à Ezra, à Bosra, dans tout le Hauran ; on y a relevé des modes constructifs — le plan cruciforme, les arcs arrondis, les coupoles hémisphériques, les voûtes en berceau, les ouvertures à claire-voie, l'arc en fer à cheval, les pavements de mosaïque, les niches de plan semi-circulaire — où l'on a pu discerner les prototypes de maint détail de construction musulmane.

Les Sassanides, qui avaient régné sur la Mésopotamie et la Perse pendant quatre siècles (226-641), y avaient laissé de nombreux monuments que les Arabes avaient devant les yeux quand ils furent vainqueurs. Leurs façons de construire, héritées des Assyriens et des Chaldéens, l'emploi de la brique comme élément essentiel dans des édifices énormes, le principe de la voûte, peut-être dû aux Parthes ou aux Romains, furent autant de facteurs très puissants sur la formation de l'art musulman.

Et voici que les dernières théories des Anglais, rappelant les rapports qui existaient déjà entre l'Inde et l'Égypte sous le roi Asoka au IIIe siècle, prétendent que tous les éléments de la construction arabe se rencontrent dans ces temples de l'Inde.

En Égypte, l'art copte, c'est-à-dire chrétien-égyptien, avec ses innombrables couvents de moines, ses églises et ses cimetières, ne manqua pas d'influencer l'art musulman en maint détail, surtout de décoration ornementale. On sait d'ailleurs combien les Arabes utilisèrent les services des architectes et des ouvriers coptes.

Et toutes ces influences combinées, faciles à constater sur les monuments de l'architecture, se retrouvent également dans les produits des arts industriels, tissus, bois, bronzes, céramiques, qui eurent dans toutes les contrées islamisées une si prodigieuse floraison.

3. Les premiers monuments musulmans des Khalifes au VIIIe siècle à Damas, à Kairouan, à Cordoue.

La première capitale khalifale qu'Ali avait établie à Kufah en Mésopotamie, en 656, n'avait eu qu'une courte durée. Damas la remplaçait en 661, jusqu'à ce que Bagdad la supplantât un siècle plus tard.

Au début de l'occupation de Damas, les musulmans se contentèrent de partager avec les chrétiens l'église chrétienne de Saint-Jean, dont ils affectèrent à leur culte la moitié Est. Mais ce partage déplut au khalife ommiade Walid Ier (705-715), qui sur cet emplacement construisit la mosquée dans sa forme présente. C'est depuis longtemps une grande discussion archéologique de fixer ce que la mosquée a conservé de l'église primitive, si même elle en a rien conservé, étant donné que Walid, dans sa magnificence, avait voulu quelque chose d'immense et de tout nouveau. Elle présente encore une vaste cour entourée d'arcades de pierre soutenues, au Nord et au Sud, par des piliers, à l'Est et à l'Ouest par des piliers et des colonnes, les arcades du Sud fermées par des portes, ce qu'on ne retrouve ni au Caire ni ailleurs ; l'innovation de l'arc en fer à cheval, soit en demi-cercle, soit pointu, est caractéristique du style sarrasin. On y constate aussi la première apparition du *mirhab*, niche demi-circulaire, avec le sommet en coupole ou en pointe, indiquant dans tout édifice religieux musulman la *qiblah*, ou direction de la Mecque, vers laquelle tout fidèle doit se tourner pour prier. Deux de ses minarets, aux angles, se trouvent sur les anciennes tours de l'église ; ce seraient les plus anciennement connus si leurs soubassements, sinon leurs fûts, sont du temps de Walid, ce qui est toujours discuté. C'est d'une petite galerie circulaire extérieure situé en haut du minaret que le muezzin, aux heures rituelles, appelle des quatre coins de la ville les fidèles à la prière (pl. III). Sous Walid, la décoration de la mosquée de Damas fut merveilleuse. Muqadassi, qui la vit à la fin du xe siècle, parle des mosaïques, de l'or, des pierres précieuses, des carreaux émaillés, des verres, qui l'ornaient. Peut-être reste-t-il quelques souvenirs des mosaïques à la voûte d'entrée, ainsi que les belles portes de bronze du gros œuvre, peut-être seulement les murs extérieurs et les arcades qui joignent la mosquée à la porte romaine occidentale, arcades tout à fait byzantines, car ce magnifique monument eut l'infortune de subir trois incendies en 1069, en 1400 (celui-ci mis volontairement après la prise de la ville par Tamerlan) et en 1893 ; et ces incendies furent suivis chacun de réfections.

C'est aussi des Ommiades qu'on peut faire vraisemblablement dater la grande mosquée El Aksa, sur le Haram as Sharif de Jérusalem, que le khalife Abd al Malik avait édifiée sur l'emplacement d'une église de Justinien dédiée à la Vierge, en 691, mais qui fut rebâtie après un tremblement de terre par le khalife al Mansour vers 771, modifiée par les Croisés, et remise en état par Saladin.

Le souvenir de la mosquée El Aksa se retrouve dans un monument fameux, qu'avait fondé en Tunisie le général Sidi Okba au cours de son expédition dans la seconde moitié du VIIe siècle, le long de la côte d'Afrique jusqu'à l'Atlantique.

La mosquée de Kairouan (pl. IV et V), rebâtie dans le deuxième quart du VIIIe siècle et remaniée encore à la fin du IXe, présente en son plan une vaste cour avec double colonnade Est et Ouest, au Nord une colonnade inachevée avec un grand minaret, et au Sud un grand sanctuaire fermé ou *liwan* ; le *mirhab* est couvert d'une coupole, et du mur du Sud se détache une large aile crevant la largeur du sanctuaire et déterminant une disposition en T dérivée du transept de la basilique chrétienne, comme aux mosquées de Cordoue et de Tunis. Les arcades sont portées par des colonnes de marbre à chapiteaux remployées de monuments antiques ruinés ou détruits. Et un minaret carré massif, de la première moitié du VIIIe siècle, est un des plus anciens exemples connus. C'est donc un monument des plus importants, intermédiaire entre la grande mosquée de Damas et la mosquée d'Ibn Tulun au Caire.

Du même type et très proches de la grande mosquée de Damas sont encore la mosquée Zaytûnah à Tunis, de l'année 732, et la grande mosquée des Ommiades à Cordoue. Quand Abd er Rahman, le dernier de la dynastie, échappé aux massacres de Damas, vint tenter la conquête de l'Espagne et se fit proclamer émir de Cordoue en 756, il voulut y édifier une mosquée qui égalât en somptuosité les plus fameuses de l'Orient ; commencée en 785, elle fait toujours l'émerveillement des voyageurs, avec sa forêt de colonnes intérieures et sa magnifique cour d'entrée. Elle fut malheureusement remaniée par les rois catholiques et ne se présente plus à l'état de pureté primitif (pl. VI). A proximité de Cordoue, le khalife avait fait aussi construire de splendides palais et une mosquée à Medinat az Zarah. Des fouilles récentes les ont déblayés.

4. Les monuments des Abbassides au IXe siècle a Samarra (Mésopotamie) et la mosquée d'Ibn Tulun au Caire.

Depuis qu'Amrou, le conquérant arabe de la Palestine et de l'Égypte, avait fondé dans ce dernier pays une ville, Fostat, et édifié une mosquée dont il ne reste absolument rien d'ancien (641), aucun monument n'y apparut jusqu'au jour où le khalifat abbasside de Bagdad envoya en Égypte un gouverneur, Ahmad ibn Tulun, dont le souvenir devait y demeurer mémorable.

Après qu'Abbas, parti du Khorassan, se fut emparé du khalifat, dont il déposséda les Ommiades (750), il fut donné à son frère Mansour de créer, vers 760, une nouvelle capitale, Bagdad, que son petit-fils Haroun ar Rashid († 809) devait enrichir de monuments, ainsi que Rakka sur l'Euphrate.

Les khalifes de Bagdad s'entouraient alors d'une sorte de garde du corps, composée de Turcs esclaves, dits Mammluks, que nous retrouverons plus tard au Caire indépendants du khalifat, et sultans d'Égypte pour plusieurs siècles. Ce Tulun était d'une famille de Bokhara; né en 835, il avait reçu son instruction militaire à Samarra, ville sur le Tigre en amont de Bagdad, où le khalife abbasside Mokasim avait pour près d'un demi-siècle transporté la capitale khalifale, et où l'un de ses successeurs, Mutawakkil, avait édifié un palais et une mosquée dont la renommée fut grande dans tout l'Islam (846-852). Cette ville de Samarra et ses monuments — une grande mosquée et des palais — ont été depuis vingt ans révélés et étudiés successivement par les missions du général de Beylié, de M. Viollet, de miss Bell, des Allemands Herzfeld et Sarre (ces derniers en firent une publication magnifique). C'est évidemment des monuments sassanides de Séleucie et de Ctésiphon, encore debout dans la plaine mésopotamienne, que les architectes des Abbassides à Rakka, puis à Samarra, s'inspirèrent surtout. Il en fut de même sans doute à Bagdad, dont les magnifiques monuments abbassides furent sauvagement détruits par les Mongols d'Houlagou en 1250. Quand Ahmad ibn Tulun fut nommé gouverneur de l'Égypte en 868, il était dominé par les souvenirs de Samarra où il avait vécu jeune officier, par le prestige de ses monuments. Il développa la ville de Fostat dans la direction du Nord, y construisit un aqueduc et une mosquée (879) qui, malgré sa dégradation, reste encore un des monuments capitaux de l'Islam (pl. VII et VIII). Elle présente le type, en plus grand format, de la mosquée du Moyen âge. Elle forme un carré parfait, à grande cour centrale entourée d'arcades. La nouveauté est une grande cour extérieure, ou *ziyada*, sur les côtés Est, Ouest et Nord, formant une sorte de narthex ou de grand espace retiré loin du bruit pour les fidèles et les étudiants, avec, au Nord, une fontaine d'ablutions, des latrines et le minaret principal, qui rappelle si bien celui de Samarra. Une innovation est celle des piliers à arc en fer à cheval pointu, à la place des colonnes antiques, qui ont toujours été le grand danger des monuments en cas d'incendie à cause des traverses de bois qui les reliaient. Il faut lire Makrisi, l'historien du Caire, et sa *Khitat*, écrite en 1420, pour connaître les détails pittoresques de la construction de la mosquée d'Ibn Tulun. Al Qudai, au XIe siècle, et Ibn Duqmaq († 1406) avaient déjà affirmé qu'elle avait été inspirée de celle de Samarra. Le dernier mot de l'archéologie moderne tend à le confirmer. Creswell, étudiant le minaret, croit pouvoir le dire copié sur la tour Malwiyyah au mur Nord de la mosquée de Samarra (analogue aux *ziggurat* assyriens). On constate à la mosquée de Tulun le premier exemple et le plus ancien de l'emploi constructif de l'arc en pointe, qui semble bien être d'origine orientale, certains auteurs, comme Tawell, le prétendant exister dans les premiers temples bouddhiques de l'Inde. En tout cas on le trouve déjà à la mosquée Abu Dulaf de Samarra, de date un peu antérieure à la mosquée d'Ibn Tulun.

Tout est digne d'être étudié dans cette dernière : les arcs, les chapiteaux, les murs de briques cuites au four selon l'ancien mode, les fenêtres à vitraux, le *mirhab* avec sa niche semi-circulaire à sommet pointu sous demi-coupole (qui a soulevé tant de controverses qu'il faut suivre dans les livres de Creswell et de Briggs), le *mimbar*, pupitre qui date de la restauration de 1296 sous le sultan Lagin, la *dikkah*, ou tribune portée sur quatre colonnes de marbre, ressouvenir de l'ambon des églises chrétiennes, et l'énorme frise de bois portant les inscriptions en caractères coufiques taillés à même la frise sur un fond de décor floral stylisé, qui a provoqué de si intéressantes études de Corbett, de Creswell et de R. Williams et les recherches si savantes et si neuves de paléographie ornementale de S. Flury.

On peut s'étonner qu'entre la mort d'Ahmad ibn Tulun, en 889, et l'arrivée des premiers khalifes fatimides (969) nous ne connaissions au Caire aucun monument qui y ait même jamais existé. Et cependant de quelles richesses et de quel luxe les chroniqueurs nous font-ils le récit à la fin de ce IXe siècle ! Il est vrai qu'en 905 les armées du khalifat de Bagdad reprenaient peu à peu les provinces perdues et que la prise du Caire dut entraîner de nombreuses destructions.

5. Les monuments des sultans Fatimides au Caire : les mosquées d'El Azhar et d'Al Hakim.

Les successeurs d'Ali, le gendre de Mahomet, après son assassinat déterminé par son schisme, continuèrent à être persécutés par les Ommiades demeurés orthodoxes et dits Sunnites. Les dissidents d'Ali qui avaient continué à tenir dans l'Irak, à Kerbela et en Perse, furent dits Chiites, et la famille d'Ali Fatimides, du nom de Fathma, fille de Mahomet et épouse d'Ali. Ce fut l'un d'eux, en mission en Berbérie, qui chercha à y exercer de l'influence, y recruta une armée et établit le pouvoir fatimide sur les possessions de l'Aghlabide, gouverneur de Kairouan, autorité qui s'étendit peu à peu de l'Atlantique à l'Égypte et sur la Sicile. Il reste à savoir ce que les Aghlabides et les premiers Fatimides ont pu édifier dans la plaine de Kairouan, et c'est une question que notre savant archéologue Georges Marçais doit finir par élucider.

En Ifrikiya, au xe siècle, quelques centres indépendants berbères avaient pu à l'écart élaborer un art monumental plus original, dont on a pu retrouver les restes en Algérie à Sedrata, à la Kalaa des Beni-Hammad (près Constantine) et à Bougie.

Un de ces Fatimides, Al Muizz, en 969, retente une expédition sur l'Égypte, y réussit, et fonde au Nord de la Fostat d'Amrou et d'Ibn Tulun une nouvelle capitale, Al Kahirat, le Caire. Il l'enrichit d'un splendide palais (totalement disparu) et d'une mosquée, Al Azhar (970), qui devint par la suite le centre universitaire de tout le monde musulman (pl. IX). Elle est aujourd'hui bien modifiée, mais a encore gardé des restes assez imposants qui font d'elle un des plus remarquables monuments de l'Islam. Elle a une grande cour à colonnades ou portiques ; le sanctuaire est double de ce qu'il était (le centre seul étant de la fondation). La petite coupole de l'entrée est de la fin des Fatimides vers 1140 (S. Flury et Creswell l'ont démontré). Elle a subi quatre restaurations et des réfections assez sérieuses de ses minarets qui, s'élançant avec tant de grâce au-dessus du Caire, sont un enchantement du panorama de cette ville. On y constate quelque régression dans les remplois des colonnes antiques aux arcades, comme dans les premiers édifices de l'Islam. Une nouveauté de la construction est dans l'arc dit « persan », que l'architecte Rivoira croit avoir été inventé par l'architecte d'Al Azhar et qu'il voit dérivé d'une combinaison de l'arc en fer à cheval d'Ibn Tulun, des arcs de Kairouan et des arcs de temples hindous.

Le successeur d'Al Muizz, Aziz, fonde ensuite en 990 au Caire une mosquée qui porte le nom d'Al Hakim, lequel la compléta (1012-1013), sur un plan analogue à celui d'Ibn Tulun, avec une petite coupole en briques et deux robustes minarets offrant la plus magnifique décoration de bandeaux et de fenêtres.

Mais tout ce XIe siècle, qui aurait pu être une ère de production artistique si riche en Égypte, est à peu près vide par suite des grands désordres et bouleversements qui s'y produisirent sous le khalife Mustansir (en 1068 les trésors de son palais furent pillés par la garde turque), alors qu'en Europe méridionale les Normands laissaient des traces remarquables de leur passage.

Au cours des trois siècles que la Sicile resta soumise aux Fatimides, des monuments y furent élevés, dont rien n'est parvenu jusqu'à nous. La Cuba et la Ziza à Palerme n'ont plus que l'intérêt présenté par les remaniements que leur ont fait subir les rois normands.

En 1073, un Arménien, Bedr ed Gemali, gouverneur de Syrie, fut chargé de rétablir l'ordre en Égypte. Il y réussit. Ce fut la seconde période brillante de la dynastie fatimide. On lui doit les fortifications et les portes du Caire, dont les restes sont si grandioses, de caractère tout byzantin, et que l'on doit à des Arméniens d'Édesse ; puis la première mosquée — tombeau en pierre — élevée à la mémoire de Bedr ed Gemali, et cette petite mosquée d'al Juyûshi, élevée au sommet du Mokatam en 1085, que Max van Berchem nous a révélée et qui, pense-t-il, rappelle par son plan certaines églises arméniennes, ce qu'explique l'origine de son fondateur.

En Syrie les Fatimides n'avaient rien pu créer, car leur autorité y avait été constamment combattue, et les Turcs Seldjouks, étendant leurs conquêtes en Mésopotamie et en Perse, les avaient chassés de Damas en 1076. — La grande mosquée des Hamdanides d'Alep, détruite par Nicéphore Phocas en 962, reconstruite en 978, brûlée en 1169, ne garde rien de ses origines, si ce n'est son beau minaret de 1045. Il resterait à étudier à Alep ce qui subsite d'ancien de ses magnifiques murailles, de la porte d'Antioche, et de la vieille et magnifique citadelle restaurée par Nour ed Din en 1169. Après M. Sobernheim, qui a étudié ces monuments, il reste beaucoup à faire à notre Direction des antiquités de Syrie.

De la dernière période de la souveraineté des Fatimides en Égypte, il ne nous est resté au Caire que la petite mosquée d'Al Akmar (1125), bâtie par l'émir Ibn Bata'ihi, avec sa si originale façade, due sans doute à un architecte chrétien arménien, et la première apparition de la stalactite, dont l'origine a été si discutée, les uns la disant hindoue, les autres originaires du Sarvistan persan, d'autres encore d'Ani en Arménie. Est encore fatimide la mosquée de l'émir Talai as Salih (1160).

6. L'ARCHITECTURE DES TURCS MAMMLUKS. LES AYYOUBIDES AU CAIRE ET EN SYRIE, ET L'INFLUENCE DES CROISADES (1171-1250). LES MONUMENTS DES SULTANS MAMMLUKS BAHRITES ET CIRCASSIENS AU CAIRE JUSQU'AU DÉBUT DU XVIe SIÈCLE.

Au début du XIe siècle les Turcs étaient encore les maîtres de la partie orientale de l'empire des khalifes, car la puissance seldjouk dans l'Ouest avait dû reculer devant la marche victorieuse des Croisés qui, en 1099, entraient à Jérusalem.

Cette race turcomane, partie des steppes de l'Asie centrale, était maîtresse du Khorassan et de l'Iran ; une branche même avait fondé un royaume à Ghazna en Afghanistan, d'où son souverain Mahmoud le Ghaznévide conquit une partie de l'Inde et où la mission Foucher-Godard vient de retrouver les mosquées-tombeaux de la dynastie. De ses rangs devaient sortir quelques rudes soldats prêts à défendre l'ancien empire des Khalifes contre la marche victorieuse des chrétiens. L'Égypte devait en être l'enjeu. L'atabek turc de Mossoul, en 1128, couvrait Alep ; son fils Nur ed din, en 1154, entrait à Damas. Ses grands monuments sont à Alep, où la citadelle est un chef-d'œuvre d'architecture militaire (pl. X). Le jeune Saladin, né en 1138 en Mésopotamie, d'un Turc arménien nommé Ayoub (d'où le nom de la dynastie des Ayoubides), élevé à la cour de Nur ed din, fut envoyé en Égypte et en chassa les Croisés. Il développa considérablement la ville du Caire, la fortifia d'après le système des Normands, qu'il avait pu étudier en Palestine, et créa en Égypte une architecture militaire qui fait encore l'admiration des spécialistes. Deux types nouveaux d'édifices y apparaissaient : le *maristan*, ou hôpital, et la *madrasah*, ou école-mosquée, qui détermina par la suite le plan des futurs monuments du Caire et de tout l'Islam. La première fut peut-être, d'après les théories nouvelles, créée en Khorassan dès le IVe siècle de l'hégire, puis instituée par Nur ed din à Damas et à Alep (celui de Al Zajajiyah, aujourd'hui anéanti, était de 1116-1124). L'ancienne grande église d'Alep, transformée en mosquée en 1123, devint la *madrasah* Al Halawiyah en 1148 ; c'est un monument du plus grand intérêt. La *madrasah* Al Aybiyshu'ah, édifiée par Nur ed din en 1150, reçut une très riche décoration épigraphique.

Tous ces monuments d'inspiration chrétienne-mésopotamienne ne manquèrent pas de frapper l'imagination de Saladin et de ses successeurs : le premier monument du Caire, le tombeau-mosquée de l'iman Ech Chafaï, avec son admirable coupole, fut édifié sous Saladin en 1176, ainsi qu'un autre encore, un hôpital. Il est fort regrettable que nous ayons conservé si peu de monuments du temps de Saladin, et qu'on discute encore sur la citadelle, actuellement étudiée et déblayée par M. Creswell, dont les murs, très pénétrés des méthodes des Croisés, durent être édifiés avec l'aide des prisonniers chrétiens. Il reste heureusement beaucoup plus de témoignages de son activité en Palestine et en Syrie après qu'il eut repris Jérusalem et occupé Damas, où il mourut en 1193 et où se trouve son tombeau.

Les monuments ayyoubides du temps de Saladin sont encore nombreux à Damas, à Jérusalem et surtout à Alep (pl. XI) où ils attendent leur historien, car insuffisante est l'excellente étude, que les Allemands Sobernheim et Herzfeld leur ont consacrée, au mot « Halab », dans l'*Encyclopédie de l'Islam*.

Une étonnante floraison de monuments se produisit au Caire depuis le milieu du XIIIe siècle jusqu'au début du XVIe, sous les sultans turcs bahrites et circassiens. Ces deux siècles et demi furent une glorieuse époque, d'un faste inouï où tous les arts, au Caire, eurent un essor incomparable. Les règnes étaient très courts (sauf avec le sultan Kalaoun et sa famille), car le pouvoir était à celui qui était assez fort pour s'en emparer. Mais tous, même souverains éphémères, édifiaient mosquées, *madrasahs* ou tombeaux, et rien n'est plus magnifique et saisissant que le groupe des tombeaux des khalifes, hors la ville, à la limite du désert, si beaux de noblesse et de fierté (pl. XII).

Tous leurs noms restent fameux par leurs monuments : Baybars (1260-1277), Ibn Kalaoun († 1290), avec ses trois monuments capitaux : un *maristan* (hôpital), un mausolée, une mosquée-collège (*madrasah*), tous exécutés en 1284-1285 ; Malik an Nasir († 1293) ; sultan Hassan, dont la mosquée (1356-1362) est un des plus beaux monuments du Caire et du monde islamique tout entier : grandioses sont ses hautes murailles creusées de rainures verticales dont les huit rangs de fenêtres augmentent encore les proportions, sa porte colossale dont la voûte en encorbellement est décorée de riches stalactites, sa coupole de 55 mètres de hauteur, son minaret de 86 mètres (pl. XIII et XIV) ; rien n'est plus beau que la variété et le goût sévère de sa décoration intérieure, les grandes frises d'inscriptions en bois sculpté de son tombeau, ses portes de bronze incrustées d'or et d'argent. Son plan cruciforme est le plan typique de la mosquée *madrasah*, avec l'espace central carré, ou *sahn*, à air libre, et sur chacun de ses côtés le large retrait, ou *liwan*, s'ouvrant par un arc en pointe, pour chaque secte de l'Islam. Les sultans mammluks circassiens furent, eux aussi, de grands bâtisseurs surtout au Caire, où les mosquées et les tombeaux de Barkuk (1382-1399), de Faradj, de Moyyaed († 1412), de Barsbai (1422) et de Kayt-bai († 1468) sont célèbres et magnifiques.

7. L'architecture de la Perse sous les Abbassides, sous l'occupation mongole et sous les Séfévides. L'architecture turque sous les Seldjouks a Konieh.

L'autorité qu'avait prise déjà au IXe siècle, à la cour des khalifes abbassides, la garde turque, tentée souvent de remplacer par des révolutions de palais les souverains qui ne lui plaisaient plus, avait permis à bien des aventuriers d'en profiter pour détacher de l'empire à leur profit des provinces entières. C'est ainsi qu'en Iran avaient fait les Soffarites du Khorassan et des provinces voisines vers 880 et, après eux, les Samanides de Bokhara, aux dernières années du IXe siècle, puis Ahmed ibn Tulun en Égypte, et qu'en 945 un petit dynaste de Perse, sectateur d'Ali, fondait cette dynastie des Buvides, qui devait imposer ses volontés au khalifat de Bagdad (945) pendant plus d'un siècle.

Du moins ces Samanides et ces Buvides iraniens avaient toujours cherché à barrer les chemin à ces hordes turques errant dans les steppes de l'Asie centrale et toujours prêtes à déferler vers l'Ouest, comme elles l'avaient fait de temps immémorial sous les noms de Touraniens, de Scythes ou de Huns.

C'est un de leurs clans, les Ghaznévides, que nous avons vu fonder à Ghazna, en Afghanistan, un royaume dont l'importance fut grande surtout par ses rapports avec l'Inde. Un autre clan, les Seldjoukides, issu des plaines du Syr Daria, ravissant aux Ghaznévides leurs possessions du Khorassan, prétendit même à étendre son autorité sur l'Iran tout entier et sur le palais même des khalifes de Bagdad, où leur chef Togrub beg entrait en vainqueur (1055). Il ne lui restait plus qu'à mettre à sa merci le fabuleux royaume de « Roum », celui de Byzance. Ce fut le privilège réservé à ses successeurs, maîtres de l'Asie, de la Kachgarie à la mer de Marmara.

Au point de vue monumental, c'est l'étude de ce que leur souveraineté sur la Perse iranienne leur permit d'entreprendre qui est d'un très puissant intérêt. L'occupation de la Perse par les Mongols, qui y laissèrent des monuments fameux, ne laisse pas que d'en offrir aussi.

Il convient ici de revenir un peu en arrière au sujet des monuments qui furent élevés en Perse du temps des Abbassides, et qui, comme ceux de Mésopotamie, se ressentaient d'influences sassanides très certaines : par exemple la mosquée Djouma de Kaswin, rebâtie par Haroun ar Raschid en 786, la mosquée Djouma d'Ispahan, qui date d'El Mansour (762), avec les grandes cours carrées et les immenses portails d'entrée, répliques de l'arc colossal de Ctésiphon. L'emploi continu de la brique crue ou émaillée jusque dans les stalactites, le goût du revêtement céramique des grandes surfaces, sont autant de réminiscences de l'architecture iranienne des temps anciens. Cette architecture de briques pures est bien intéressante dans des monuments tels que le tombeau de Zobéide près de Bagdad (pl. XV), ou le tombeau du sultan Sandjar à Merv (1157). Elle ne fut pas interrompue par la venue des Mongols, puisqu'on la retrouve intégralement au tombeau de la fille d'Houlagou à Maragha (1260) et au tombeau d'Oldjaïtou à Sultanieh (1320) (pl. XVI) ou à la vieille mosquée de Véramine (1322).

Au contraire, dans les régions montagneuses du Haut-Tigre, en Mésopotamie septentrionale, l'existence de carrières d'albâtre permit le retour à l'emploi de la pierre, et favorisa le goût d'une décoration plastique, qui n'exclut pas la représentation de l'animal ou même de l'homme, comme à Amida (Diarbekir) ou à Mossoul.

C'est particulièrement à Samarcande, où la pierre manque absolument, que l'architecture en briques émaillées prit un développement considérable sous

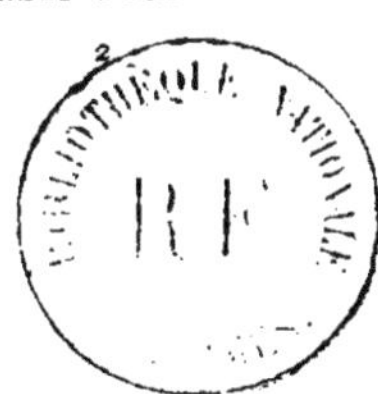

le Mongol Timour Lenk (Tamerlan) et ses successeurs : témoin le porche de la mosquée de Chah-Sindeh (1392) et ses chapelles funéraires indépendantes, ou bien encore le fameux Gour-Emir, ou mausolée de Timour Lenk (1405), avec sa coupole bulbeuse (pl. XVII).

Toutes ces formules constructives et décoratives, avec une part de plus en plus considérable donnée aux revêtements céramiques des murs, se perpétueront en Perse durant les dynasties turcomanes au xve siècle (à la Mosquée bleue de Tauris, par exemple), jusqu'aux édifices somptueux des Sefévides à Ardebil et à Ispahan (du temps de shah Abbas) et jusqu'en Mésopotamie, comme à la mosquée de Kazémié près Bagdad (pl. XVIII).

Ce fut un cadet de cette famille turque seldjoukide, Kilidj Arslan (1092) qui vint fonder en Asie Mineure ce sultanat d'Iconium (du nom de sa capitale) contre lequel s'était brisée l'avance des Croisés.

Dans cette ville de Konieh, dont ils avaient fait leur capitale, les sultans seldjouks édifièrent des monuments où se marque la forte empreinte qu'ils avaient reçue en Iran, première étape dans la migration de leur race. De toutes parts les artistes et les artisans, attirés par la richesse de leur cour, venaient de Syrie ou d'Arménie, ou de Perse même, d'où les repoussait la conquête mongole. La grande mosquée de Konieh (1155) présente des arcades byzantines et des colonnes à cannelures syriennes ; la Gueuk-madrasah de Siwas (1270) est d'esprit arménien ; le Caravansérail de sultan Khan, élevé par Ala ed din Kai Kobad Ier en 1229 (pl. XIX), est de type absolument persan ; la Sir tcheli-madrasah (1242) et la Karatai-madrasah (1251) de Konieh ont une décoration en mosaïque de faïence d'une technique tout à fait persane. Et toutes ces influences complexes se combinent parfois en un style lourd et compact, comme à Divrighi et à la *madrasah* Indjé Minarelli à Konieh (pl. XX).

8. L'architecture des sultans turcs Osmanlis ou Ottomans a Brousse, puis a Constantinople, et dans tout l'Empire ottoman au xve et au xvie siècle.

Mais au début du xive siècle la puissance des Seldjouks de Konieh était bien amoindrie, émiettée parmi de petites principautés rivales. Ce fut un de ces clans, celui d'Erthogroul, qui de l'Arménie, d'où il était repoussé par les Mongols, vint en 1308 recueillir en Anatolie une partie de l'héritage des Seldjouks, et ce ne fut pas le moins bon lot qui échut à ses chefs : Osman, puis Orkhan qui, entre 1326 et 1337, enlevait aux Grecs les trois belles villes de Brousse, de Nicée et de Nicomédie. Briguant alors le titre ambitieux de sultan, ce dernier fit de Brousse sa capitale (1338) et parvint, avant de mourir, à se porter presque sur les rives des Dardanelles d'où Constantinople s'offrait à sa convoitise. Tel fut le début de cette dynastie des Osmanlis, ou Ottomans, qui, de Constantinople, reconstituèrent au cours de plus de cinq siècles l'empire des Khalifes et reprirent sur tout le monde musulman l'autorité religieuse.

Ils firent, au cours d'un demi-siècle, de leur première capitale, Brousse, un centre d'art incomparable : la grande mosquée de Nicée est de 1378 ; de 1379-1414 la grande mosquée de Brousse ; de 1421 la mosquée de Mourad à Brousse ; de 1419 la Mosquée verte de Mehmed, fils de Bajazet, et le Turbé vert, qui est sa chapelle funéraire (pl. XXI). Et si le revêtement céramique de ces monuments n'affirmait pas lui-même par ses procédés et le style de ses décors une influence persane, une inscription de la niche en céramique établirait que ce sont des peintres de Tébriz, en Perse, qui y travaillèrent. Différant assez peu par leur plan des édifices des Seldjouks, avec plus de simplicité et un retour aux méthodes byzantines, ils se distinguent des monuments du Caire par leurs coupoles plus basses, leurs minarets élancés, du type « pinceau », qui, partant d'un cylindre mince, finissent en pointes coniques.

En 1453 les Turcs Osmanlis, vainqueurs enfin des Byzantins, entraient à Constantinople et y transféraient leur capitale. La grande église chrétienne de Sainte-Sophie, transformée en mosquée, était destinée à devenir le modèle des futurs architectes de l'Islam. La première mosquée neuve qui apparut à Constantinople fut celle du conquérant, Mahomet II (1463-1469) ; elle fut anéantie entièrement dans un tremblement de terre. Chinli-Kiosk, au Vieux Sérail (pl. XXII), achevé à la fin de 1472, offre un plan cruciforme avec coupole centrale sans pendentifs de type persan ; la loggia et le grand porche sont décorés de faïences de ce même procédé en mosaïque que nous avons vu pratiqué sous les Seldjouks ; c'était une survivance.

La mosquée du sultan Bajazet (1497-1515) (pl. XXIII), par l'architecte Khayr ad din, présente en son vaste plan deux carrés égaux : d'un côté la mosquée même, de l'autre un cloître ouvert comme un atrium, un *haram* entouré de colonnades avec une fontaine centrale ; sa grande coupole est flanquée de demi-coupoles comme à Sainte-Sophie ; son portail remarquable, en retrait, est du type seldjouk, avec une voûte de stalactites rectilignes.

Le sultan Sélim Ier, le conquérant de la Syrie et de l'Égypte, aussitôt après la prise de Damas, y édifia en 1516 à l'ouest la Takkiyyat, qui fut un couvent de derviches dont le remarquable plan comportait des rangs de cellules groupées sous les colonnades. Il a sa mosquée aussi à Andrinople (pl. XXIV). Une petite mosquée-turbé à sa mémoire, la Salimiyyah, fut aussi élevée à Constantinople en 1520, avec une grande coupole sur plan carré, de type byzantin très simple, et deux minarets. Elle fut très imitée par la suite. Sous Sulayman le Magnifique (1520-1560), partout, à Constantinople, en Syrie, en Égypte, s'élèvent les monuments. La grande mosquée à son nom (1550) domine la cité ; la grande porte de Damas à Jérusalem date de son règne, et c'est sur son ordre que travailla, à travers tout l'empire, cet architecte albanais, Sinan, dont la renommée parvenait jusqu'au sultan grand mogol de Delhi, Baber, qui l'appelait dans l'Inde. Au Caire, la fameuse mosquée de Sinan-pacha à Boulaq, marque le succès décisif de l'influence turque.

Dans Constantinople, pour se répéter dans tout l'empire, s'élevaient partout ces *sabils* (fontaines publiques) annexées à des mosquées, dont la *kuttab*, au premier étage, servait d'école aux enfants pauvres.

La décoration en revêtements céramiques des murs des monuments, qui avait toujours été pratiquée en Iran depuis les Achéménides et qui, importée par les Seldjouks en Anatolie, avait été continuée par les Osmanlis à Brousse, eut un développement extraordinaire dans tout l'empire ottoman, depuis l'occupation de Byzance, aussi bien à Constantinople qu'en Asie Mineure, en Syrie et en Égypte. Des documents écrits, récemment mis à jour, révélant une commande impériale faite en 1589 aux maîtres faïenciers de Nicée, autorisent à adopter cette origine pour les ensembles magnifiques de carreaux de faïence de ce genre à émaux rouges épais.

9. L'architecture musulmane dans l'Inde et en Chine.

La pénétration musulmane de l'Inde se fit par invasions successives de tribus descendues du plateau central iranien par les passes historiques de l'Afghanistan.

Ce fut d'abord la soumission du Pendjab et de quelques provinces septentrionales de l'Inde par les armées du sultan de Ghazna à la fin du xe siècle. Si l'architecture des Ghaznévides doit nous être révélée par l'étude des monuments de Ghazna en Afghanistan, et peut-être par ceux d'Hérat, elle n'a rien laissé dans l'Inde actuelle.

Mais, plus tard, une fusion paraît s'être faite entre les conceptions constructives persanes et les procédés locaux s'exerçant sous l'influence du style jaïna, encore très accusé dans des monuments comme la mosquée d'Ajmir et la mosquée du Koutab à Delhi (XIIIe siècle), très décorées, et dont le type le plus parfait est sans doute le portail d'Ala ed din (1295-1321), symétrique au tombeau d'Altamsh dans la mosquée de Delhi.

D'ailleurs, sous le règne des Grands Mogols, on voit l'influence persane s'imposer avec autorité, facilitée de plus en plus par les nombreuses relations traditionnelles de la Perse avec l'Inde, la Perse, ayant joué alors vis-à-vis de l'Inde et de la Turquie un rôle assez analogue à celui que jouera l'Italie du *quattrocento* à l'égard de la France et de l'Espagne.

Si Baber n'a pas laissé de monuments authentiquement datés, nous savons par ses mémoires qu'il fut un grand bâtisseur à Sikri, à Agra, à Gwalior. Son fils Humayun, au milieu de tant de difficultés suscitées par son rival Shereshah, laisse à ce dernier l'avantage d'attacher son nom à la mosquée du Purana Kilah, ou forteresse de Delhi.

Akbar, au contraire, au cours d'un règne glorieux de près de cinquante années, éleva à son père Humayun le mausolée de Delhi, monument tout persan, qu'enrichit le goût hindou de la pierre colorée et du marbre ; puis les monuments remarquables de Futtipore-Sikri : la mosquée au grand portail, les tombeaux et les palais, la grande mosquée d'Agra, et son tombeau à Secundra, qui reste d'esprit encore très bouddhiste.

Jehanghir a laissé la grande mosquée de Lahore, de style absolument persan, avec mosaïques et carreaux de faïence, et le charmant tombeau de Itimad-eddaula à Agra.

Sous Shah Jehan une influence occidentale turque intervient avec l'arrivée des architectes venus de Constantinople. Ce fut l'un d'eux, Isa Mohamed, qui, à la suite d'un concours, fut chargé des travaux du Tadj-Mahal à Agra, tombeau élevé ar le souverain à sa femme, Moumtar Mahal (1630-1647), et qui est un prodige de richesse (pl. XXV). A Shah Jehan est dû aussi le grand palais des empereurs Mogols à Delhi, aujourd'hui partiellement détruit.

L'islamisme pénétra en Chine dès les premiers temps de l'hégire, et s'y imposa vers le milieu du VIIIe siècle, mais la résistance passive du milieu fut telle, qu'on ne peut vraiment dire qu'il y ait eu en Chine une architecture musulmane, alors que la décoration intérieure reste strictement chinoise ; l'entrée ne diffère en rien d'un édifice chinois, les toits sont recourbés, les minarets font généralement défaut, les fontaines d'ablutions sont des kiosques essentiellement chinois, le *mirhab* est une simple arcade en plein cintre.

10. L'ARCHITECTURE DE L'ISLAM DANS L'ESPAGNE ET DANS LE MAGHREB (MAROC, ALGÉRIE, TUNISIE).

Au IXe et au Xe siècle, le Maroc est le berceau d'une puissance nouvelle, où l'élément berbère s'affirme avec autorité, et qui peu à peu va dominer dans toute l'Afrique du Nord jusqu'en Tunisie, et s'infiltrer en Espagne, pays qu'elle arrachera aux Ommiades, pour l'annexer à ce vaste empire du Maghreb. C'est à partir de ce moment que l'art arabe d'Espagne, émancipé des influences asiatiques qui avaient pesé sur lui sous les Ommiades, comme peut-être aussi sur la première architecture marocaine du IXe siècle de Sidjilmessa et de Fez (mosquée Karaouyin), va prendre sa forme originale, et, par un choc en retour, va marquer de son empreinte les monuments remarquables qui s'élèveront au Maroc.

Descendus du Grand Atlas marocain de Marrakech, ces Almoravides, maîtres, à la fin du IXe siècle, du Nord-Ouest jusqu'à Alger, de l'Espagne jusqu'aux provinces du Nord où leur résistaient les princes chrétiens au milieu du XIIe siècle, durent faire place à une nouvelle dynastie africaine, les Almohades, toute-puissante pendant encore un siècle, mais qui dut céder peu à peu à la pression des armées chrétiennes, l'Espagne arabe devant finir à l'ultime résistance du royaume de Grenade. L'un des derniers édifices du temps des Ommiades en Espagne paraît être l'Aljaferia de Saragosse, très altéré par des restaurations et dont les chapiteaux (conservés au musée) sont rivaux des plus beaux que

Cordoue nous ait laissés. La Puerta del Sol à Tolède est encore du XIe siècle.

L'Afrique du Nord connut encore les jours d'une brillante civilisation en cette capitale d'un royaume indépendant, Tlemcen, sous les Abd el Wadites, et sous les Mérinides qui au XIVe siècle la couvrirent d'admirables monuments.

La grande mosquée de Tlemcen et celle de Mansourah, voisine, sont de beaux monuments du XIIe siècle.

C'est à la fin de ce XIIe siècle que nous trouvons, des deux côtés du détroit de Gibraltar, une floraison de semblables monuments d'une beauté accomplie : la grande mosquée de Séville, dont le minaret, subsistant encore, est la célèbre Giralda, construite par Iacoub al Mansour (1195-1197), la tour de Hassan à Rabat (1197), et la Koutoubiah de Marrakech (1184) (pl. XXVI), que la légende attribue à un même architecte, Geber, de Séville : constructions de briques et de pierre au Maroc, dont la décoration, très simple dans les parties basses, s'enrichit à mesure qu'elles s'élèvent, surtout dans la Giralda, de champs d'entrelacs interrompus par des arcatures. De la même époque datent aussi la magnifique porte de Chella (Maroc) entre ses deux tours octogonales, et celle de Mehedia, de si fière mine féodale.

A Tlemcen, au XIVe siècle, les monuments furent du plus beau type de l'architecture maugrabine : la mosquée de Mansourah, des premières années du XIVe siècle, dont il ne reste aujourd'hui que ce magnifique minaret en forme de tour quadrangulaire, décoré, comme à Rabat, d'un treillis de mailles entrelacées, surmonté d'une ceinture d'arcatures aveugles, et la *madrasah* Tachfinïya ; la petite mosquée de Sidi bou Medine (1339), avec son portail décoré de mosaïques de faïence et son typique auvent de bois. Tous ces monuments de Tlemcen ont fait l'objet d'une excellente publication de MM. W. et G. Marçais.

En Espagne, l'Alcazar de Séville, construit par l'architecte de Tolède Jaloubi en 1200, a été l'objet de trop importantes restaurations surtout en son riche portail, sous Pierre le Cruel, en 1353, pour qu'on puisse le bien étudier. Mais l'Alhambra de Grenade (pl. XXVII), malgré ses réfections, reste le plus remarquable monument moresque des XIVe et XVe siècles ; sa décoration de plâtre sculptée et refouillée est d'une richesse parfois même excessive : la stalactite y règne en maîtresse, jusque dans les consoles, encorbellements et chapiteaux, et la polychromie et l'or répandus dans la décoration de tout l'édifice y est d'une gaieté surprenante, que prolongeait encore la fraîcheur des eaux ruisselant dans les fontaines (cour des Lions) ou fuyant dans les petits canaux des merveilleux jardins de cyprès et d'orangers (jardins du Généralife).

L'architecture musulmane ne disparut pas en Espagne avec la fin du royaume mauresque ; le style *mudejar* est un style mixte qui, longtemps encore, perpétua les traditions purement arabes.

II

LES ARTS DÉCORATIFS ET INDUSTRIELS

Aucun peuple n'a apporté dans ses arts industriels un plus grand génie décoratif que celui que révèlent les arts de tout l'Islam. Fuyant la régularité des lignes continues, la monotonie des surfaces planes, ses artistes ont aimé l'entrecroisement des lignes et les combinaisons infinies des figures géométriques. Les jeux de leur fantaisie semblent affranchis de toute règle : et cependant il n'est pas d'art qui soit conduit plus logiquement et qui ait un plus parfait équilibre : l'ornementation, riche et capricieuse, est toujours d'un goût savant et sûr, et le sens de l'harmonie dans les formes et dans la couleur se résout toujours en accords parfaits.

Leur imagination trouvait là libre cours à sa fantaisie. Leur observation de la nature se transformait sans effort en interprétation libérée de toute servilité, et les bêtes, les plantes et les fleurs devenaient des motifs d'une variété inépuisable que leurs compositions décoratives utilisaient harmonieusement. On a longtemps affirmé qu'ils s'étaient abstenus de toute représentation des êtres vivants, par observance d'une sourate du Coran. L'archéologie n'a pas eu de peine à démontrer par de multiples exemples que, prise à l'absolu, cette observation était fausse. En fait, le livre saint n'a rien interdit d'autre que les idoles ; par suite l'artiste a dû se résigner à ne traiter d'aucune manière les thèmes religieux, comme cela fut dans tous les autres arts. On trouve seulement dans les propos du Prophète (*hadith*) cette défense de représenter « le Seigneur ou la créature, les arbres, les fleurs ou les objets inanimés », car, au jour du jugement, les êtres représentés viendraient réclamer une âme à l'artiste, qui, faute de la leur procurer, souffrirait les tourments du feu éternel.

Mais cette défense ne pouvait inquiéter toute cette immense fraction renégate du monde musulman, de confession chiite, qui, comme les Persans et leurs dissidents Fatimides, puis encore les Mongols, laissèrent aux arts des pays qu'ils occupaient liberté entière et sans scrupules dans la représentation artistique des êtres animés.

Ceci dit, il n'est pas moins vrai que les artistes musulmans ont éprouvé une certaine timidité à représenter la figure, surtout humaine, ce qui orienta l'art plus généralement vers les genres décoratif et ornemental.

1. La peinture. Le livre, sa décoration par l'enluminure. La reliure. Les écoles des Abbassides a Bagdad. Les écoles persanes, mongoles et séfévides. Les écoles de l'Inde.

A s'en rapporter aux auteurs arabes, historiens, annalistes ou géographes, il n'est pas douteux qu'il y eut des écoles de peinture aux premiers temps de l'hégire et que les palais des khalifes durent être décorés de peintures murales. Comment s'en étonner quand on évoque par l'imagination tous les édifices aux murs couverts de fresques par les Romains, les Byzantins, les chrétiens coptes, qui restaient encore debout dans toutes ces régions soumises à l'Islam, qui durent y chercher des sources d'inspiration pour leurs arts renaissants ? C'est ce qui rend si précieux ces récentes découvertes de palais ou châteaux à Quseir Amra (dans le désert syrien), à Saleyieh (en Mésopotamie), ou de sanctuaires souterrains en Cappadoce, où les décors de peinture murale ne sont encore, à la veille de l'hégire, que les prolongements d'arts antiques, sans conception artistique neuve.

L'art du dessin et de la peinture ne devait pas tarder d'ailleurs à se borner presque exclusivement à la décoration du livre. Il est assez certain que sous les Ommiades, à Damas, cet art n'apparut d'abord que dans les *Corans*, où la calligraphie avait une grande part et dont la belle enluminure des bandes ornementales polychromes et or avait d'ailleurs été peut-être pratiquée tout au début dans l'Irak mésopotamien, à Bosra et à Kûfa. Ce bel art d'enluminer les *Corans* se retrouvera au Caire sous les Mammluks (pl. XXVIII).

C'est à la cour des Abbassides de Bagdad qu'il faut chercher l'origine de la miniature islamique, encore sous l'influence des nestoriens (chrétiens syriens) et des manichéens descendus au VIIIe siècle de l'Asie centrale, chez lesquels le peintre Mani fut célèbre (découvertes de peintures justificatives au Turkestan chinois).

Mais rien ne nous est resté de ces primitives époques, pas plus de l'Irak des premiers Abbassides que de l'Égypte des Fatimides, grands amateurs de peinture (voir l'historien arabe Maqrisi).

La chute des Fatimides (1171) et le retour à une plus stricte orthodoxie firent que bon nombre d'artistes refluèrent de l'Égypte sur Bagdad, qui redevint un grand centre d'art et de librairie. On y traduisit de nombreux traités scientifiques grecs ; on y édita Hariri, ainsi que des recueils de fables.

Deux œuvres authentiques et datées sont : la *Pharmacologie,* ou traité des plantes, de Dioscoride, illustré en 1222 par le peintre Abdallah ibn el Fadhl (ancienne collection Martin, de Stockholm, feuilles dispersées) et le *Makamat* de Hariri, illustré en 1237 par Yahya ibn Mahmud de Wassit (fonds Schéfer à la Bibliothèque Nationale de Paris) (pl. XXIX), desquels on peut rapprocher, approximativement les deux *Hariri* du Musée asiatique de Petrograd et du British Museum, de 1230, le *Galien* de la Bibliothèque de Vienne, le *Kalila et Dimna* de celle de Munich, ou encore ce remarquable livre des *Automates* de Philon de Byzance qui, des mains de M. Martin et de M. Rosemberg, a été dispersé en maintes collections.

Les livres de ce premier groupe de la première moitié du XIIIe siècle sont caractérisés par une exécution très large et très libre, dépendant bien plus de la peinture murale des églises ou palais que de l'art précieux de l'enluminure où triompheront les écoles de l'Iran. L'observation attentive, le réalisme dans le groupement, les gestes, les visages mêmes, de tous ces personnages à type sémite accusé, la large stylisation des animaux et des plantes, donnent à toutes ces pages une saveur particulière qu'on ne retrouvera plus.

Si un certain byzantinisme persiste dans ces œuvres, il est bien plus accentué encore dans un magnifique ouvrage, malheureusement partagé entre la Royal

Asiatic Society de Londres et la Bibliothèque de l'Université d'Édimbourg : une partie du *Djami al Tawarikk* que Rashid ed din écrivit en 1303, qui ne date que de 1314, et dans laquelle les personnages très allongés, drapés dans de longs vêtements à petits plis droits et incurvés, collant au corps, semblent, comme aussi ces architectures à piliers entre lesquels un rideau est drapé et relevé de chaque côté, appartenir à une fresque de couvent byzantin tel que Saint-Luc. Et, détail non moins curieux, le type des personnages est très chinois, avec des chapeaux à pointes relevés ou des coiffures plates à petites franges. Si l'on peut confirmer que ce livre fut fait pour un vizir du sultan Gazan Khan, bien des choses s'expliquent, en ce conflit d'influences où l'Occident chrétien maintient ses droits, mais où l'Extrême-Orient impose ses tendances depuis le jour où l'invasion des Mongols, au milieu du XIIIe siècle, dut décider de directives nouvelles.

On peut les constater dans un livre précieux de notre Bibliothèque Nationale : l'*Histoire des Mongols* d'Ala ed din Djouveini, datée de 1290, avec la belle miniature où l'auteur est représenté à genoux offrant sa chronique au souverain mongol Argoun.

L'arrivée de Timour Lenk, à la fin du XIVe siècle, mit fin, en Iran, à cette anarchie et à ces désordres de la première occupation mongole qui n'avaient pas été très propices aux travaux d'art. Ce fut alors, en Transoxiane et en Perse, à Samarcande, à Hérat, à Bokhara, un goût princier pour les bibliothèques de livres magnifiquement enluminés, qui maintint à un très haut degré l'art des peintres. L'influence turco-mongole s'y fait profondément sentir, ces cours des Timourides ayant été en relations constantes avec l'Empire du Milieu. On peut déjà le constater dans un livre admirable comme la *Chronique* de Rashid ed din de notre Bibliothèque Nationale (pl. XXX), exécutée sous le règne du sultan Oldjaïtou, ou comme l'*Apocalypse* de Mahomet (même bibliothèque) exécutée à Hérat sous le règne de Shah Rokh.

Cependant on sent avec les derniers Timourides qu'une évolution va se produire, que le style noble de tant de compositions admirables va se détendre et produire, à l'époque des Séfévides, des œuvres d'un charme plus persuasif. Mais déjà à la fin du XVe siècle, un artiste remarquable, Behzad, né vers 1440 à Hérat travaillant à la cour du sultan Huseïn Mirza s'y rendit assez célèbre par ses travaux pour que le séfévide Ismaïl l'appelât auprès de lui à Tébriz, où il vivait encore en 1514. Sa renommée lui fit attribuer — quand, même, des faussaires ne les ont pas signées de son nom — des œuvres nombreuses qui doivent lui être retirées. Son plus ancien ouvrage serait une *Histoire de Timour,* de 1467 (Musée de Boston), un *Bostan* de Saadi de 1487 (à la Bibliothèques royale du Caire (pl. XXXI), et quelques feuilles isolées conservées dans des musées (Louvre) et collections particulières. En plus des dons de composition et d'observation qu'il sut apporter dans ses pages, il se montre un vrai peintre dans le choix, la puissance et l'harmonie de ses couleurs et un vrai poète dans son sentiment exquis de la nature.

A côté de lui, un autre maître, Agâ Mirek, fut très célèbre en Perse ; natif aussi sans doute du Khorassan, mais venu plus tard à Tébriz, il eut pour élève très fameux sultan Mohammed, le peintre de la cour de Shah Tahmasp à Tébriz (1524-1576), qui, en dehors de l'illustration des livres (le *Nizami* du British Museum et le *Firdousi* appartenant au baron Edmond de Rothschild), où il se distingua, se mit à peindre en vernis-laque des plats de reliures souvent d'un style aussi beau que les enluminures, et fournit peut-être des dessins pour tapis, le grand tapis de la *Chasse* des collections impériales de Schönbrunn, en Autriche, étant absolument dans son style et sa manière. Son élève, Ustad Mohammedi Moçawer, de Hérat, imita de très près le maître : un dessin qu'il a signé et daté 1578 (Musée du Louvre) (pl. XXXII) pourrait tout aussi bien être de sultan Mohammed ou même de Behzad.

Avec Shah Abbas Ier (1587-1629), d'abord à Qazwin, puis à Ispahan, la nouvelle capitale, l'art de la peinture dut se ressentir des rapports de plus en plus fréquents avec l'Occident, par les ambassades et même par des artistes qu'il envoyait à Rome étudier les maîtres italiens, sans que cependant la technique et le fond même des compositions aient rapidement varié. Le peintre de la cour fut Cheik Mohammed, de Chiraz. Le goût du portrait, dans la représentation du personnage isolé, posant, soucieux de l'étiquette et de la mode vestimentaire, nous révèle une variété de costumes délicieux, avec d'énormes coiffures nées à Bokhara, qui avaient remplacé les turbans distingués de la cour de Thamasp, coiffures parfois demeurées à l'état d'esquisses, parfois rehaussées de quelques touches d'or. Le peintre connu du début du règne est Agâ Riza (qui se confond peut-être avec le fécond et fameux Rizâ-Abbâsi, qui travailla à Ispahan dans la première moitié du XVIIe siècle, à moins qu'ils ne soient tous deux, comme l'a discuté M. Kühnel, dans les rapports de père à fils), peintre essentiellement de sujets de genre et de portraits tracés d'un pinceau étonnamment souple et sûr.

Les écoles de peinture en Perse ne finissent pas sur ce nom, mais elles ne présentent plus dès lors grand intérêt, languissant dans de trop fréquentes interprétations de sujets occidentaux ou ayant transporté leur activité à la cour des Grands Mogols de l'Inde.

Là, l'art de la miniature fut encore plus autoritairement un art de cour, né près du souverain, inspiré par lui, relevant plus ou moins de ses exigences et de ses qualités de goût. Ainsi comprimé, aucun grand talent personnel ne pouvait s'y développer.

Baber, fondateur de la dynastie, puis ses successeurs Humayun, Akbar et Jehangir, eurent à Delhi des bibliothèques magnifiques, et si sous Baber les œuvres se ressentent encore des relations étroites avec le Turkestan, si les peintres venaient directement de Bokhara, du moins avec Humayun et Akbar, le lien avec Tébriz et Qazwin se resserre, et le style persan du XVIe siècle s'impose à Delhi. Mais notons qu'à la même époque des artistes qui pratiquèrent même de grandes compositions *a tempera* sur toile, largement brossées, se dégagent de l'influence étrangère et cherchent avec un sentiment passionné à exprimer le dramatique de leurs visions. C'est, avec une sensibilité exquise de la nature dans le paysage, une observation aiguë du caractère des animaux rendus d'une griffe magistrale, égale à celle de Pisanello, et une puissance à rendre l'individualité de type d'une tête humaine comme dans le *Jehangir tenant le portrait de son père Akbar,* du Musée du Louvre (pl. XXXIII), que les artistes hindous du XVIIe et du XVIIIe siècle apparaissent si éminents, sans oublier la rare originalité et le charme incontestable des œuvres nées dans le Radjputana du XVIIe siècle, bien à part des influences étrangères, et dont M. Coomaraswamy a su bien dégager l'intérêt.

2. La sculpture en pierre et en bois. La petite sculpture en ivoire.

Il n'a pas existé chez les peuples musulmans de sculpture indépendante de la décoration du monument, telle que la statuaire en Occident : la sculpture n'y a été que décorative ou épigraphique.

Les matériaux qui se prêtèrent plastiquement à cette décoration furent la pierre, dans les régions qui la possédaient géologiquement, telles que l'Arménie, la Haute Mésopotamie, la Syrie, l'Asie Mineure et l'Espagne, et le plâtre moulé dans les pays où la pierre faisait défaut : l'Égypte et le Maghreb.

Comme pour la peinture, les écrivains arabes nous ont laissé pour la sculpture d'assez nombreux témoignages écrits qui nous indiquent l'existence en Mésopotamie, comme en Égypte ou en Espagne, d'assez nombreux monuments sculptés, d'où la représentation animée est loin d'être exclue ; mais malheureusement bien peu de chose nous est resté de ces époques anciennes.

Le beau travail de MM. Strzygowski et Van Berchem sur Amida (Diarbekir) nous a révélé de très intéressantes sculptures ornant les portes de la ville, et représentant des lions affrontés en relief méplat, à rapprocher de ceux de la porte Saint-Étienne à Jérusalem. Les monuments élevés par l'atabek Lulu à Mossoul renferment aussi des bas-reliefs dans la pierre : animaux combattant ou se poursuivant, personnages assis ; on voit aussi au-dessus de la porte de la citadelle d'Alep un homme entre deux dragons.

La sculpture fut aussi pratiquée à Konieh dans la décoration des monuments ; des bas-reliefs en ont été recueillis au musée de la ville ; d'autres fragments se trouvent au Musée de Constantinople, exemples remarquables de l'art des Seldjouks (bas-reliefs des *Cavaliers chargeant* ou des *Anges ailés*) ; une plaque grandiose avec deux lions dressés est au Musée d'Athènes (Acropole).

De la Syrie, le Musée Victoria and Albert de Londres a recueilli une superbe vasque de marbre blanc décorée de grands rinceaux et d'une frise d'inscription au nom de Malik Mansur Mohammed, sultan de Hama, datée 1278 (pl. XXXIV).

Enfin, de la Cordoue des Ommiades nous connaissons les beaux fragments et chapiteaux de Medinat az Zarah et la grande cuve à ablutions du Musée de Madrid, datée de 988 (pl. XXXIV), tandis que du XIVe siècle datent la cuve à ablutions et la fontaine des Lions à l'Alhambra de Grenade.

La particularité de l'ornementation des monuments musulmans consiste dans l'emploi de frises d'inscriptions en bandeaux, faisant corps avec l'architecture, souvent de signification historique et chronologique, toujours richement décoratives par la fantaisie ornementale qui s'y révèle. Les monuments du Caire sont à cet égard une mine inépuisable de documentation ; c'est à les étudier que le zèle de M. S. Flury s'est appliqué, et il n'est pas douteux que ces études de paléographie ornementale lui permettront d'arriver à fixer par comparaison les étapes datées du développement du décor dans l'art musulman.

Le bois sculpté a trouvé aussi son emploi dans de grandes frises sculptées épigraphiques, comme dans la mosquée de Tulun au Caire, et aussi dans le mobilier de la mosquée ou de la *madrasah* ; mais ce fut d'une façon beaucoup plus restreinte que dans l'église chrétienne, car ici il n'était nul besoin de sièges, de stalles, de retables, de buffets d'orgues. On s'en servit dans les grandes portes de mosquées au Caire (pl. XXXV et XXXVI), dans les *mirhabs* (niches de prière), dans les *minbars* (chaires à prêcher), dans les *dikkas* (tribunes à lire le Coran), dans les clôtures de tombeaux, dans les portes d'armoires où l'on rangeait les objets du culte. Le Musée de Constantinople a recueilli de belles portes en bois provenant de Konieh et d'Asie Mineure (pl. XXXVII et XXXVIII).

Il semble que ce fut surtout en Égypte que les plus beaux travaux en bois aient été pratiqués. C'est, en tout cas, dans les mosquées et au Musée du Caire qu'un grand nombre de beaux monuments nous en donnent le mieux l'idée.

La caractéristique de la technique est la disposition par panneaux sculptés assemblés, jointifs par leurs rainures, dont le jeu aisé tolérait la dilatation ou le resserrement causés par les conditions atmosphériques, et souvent en Égypte ces panneaux ont reçu une ornementation par incrustation d'ivoire ou d'os. Le décor en est surtout linéaire, géométrique et polygonal, sans qu'en soient exclues (mais elles sont rares) les représentations humaine, animale ou florale au beau temps des Fatimides.

Il est surprenant qu'en dehors de son application au décor du bois l'ivoire, à notre connaissance, n'ait pas servi, en Égypte, à sculpter de beaux objets usuels, parvenus jusqu'à nous, si ce n'est certaines plaques de coffrets (Musée du Louvre, Musée du Bargello à Florence, pl. XXXIX), comme ce fut le cas peut-être en Perse ou en Mésopotamie (pl. XL) et surtout dans les ateliers de l'Espagne des Ommiades. Nous sommes riches en boîtes et en coffrets provenant des trésors des khalifes de Cordoue ou de personnages de leur cour. Ces objets magnifiques portent très souvent des inscriptions à leurs noms et des dates de fabrication. Ils sont entièrement sculptés et refouillés de scènes touffues de fête et de chasse, d'un art et d'un caractère admirables. Les plus fameux sont au Musée du Louvre (pl. XLI), au Victoria and Albert Museum, dans les cathédrales de Pampelune (pl. XLII) et de Palencia.

3. Les arts du métal : le bronze, l'orfèvrerie, les cuivres incrustés.

Il est surprenant que nous ne connaissions rien par quoi l'artiste musulman ait cherché à exprimer plastiquement son sentiment de la beauté en dehors de l'application décorative. Les quelques objets exécutés en bronze que nous connaissons n'ont-ils pas, avant d'être réalisés, été précédés d'ébauches en terre cuite, premières expressions de la pensée du sculpteur ?

C'est surtout dans les pièces de fontaines et dans les vases à verser (aquamaniles) ou dans les brûle-parfums que nous retrouvons les plus intéressants et les plus beaux objets de bronze fondu qui nous aient été conservés. Les formes animales se sont prêtées au fondeur, qui les a interprétées avec le plus étonnant caractère en les adaptant aux formes des objets qu'il créait.

Le plus célèbre est le grand *Griffon* conservé au Campo Santo de Pise (pl. XLIII), dont le corps et les ailes sont tout gravés d'ornements et dont les cuisses et les épaules portent des écussons à figures de lions et d'aigles. D'autres beaux objets sont le *Cerf* du Musée National de Munich, le *Cheval* du Musée de Cordoue, les *Lions* du Musée de Cassel et du Bargello (pl. XLIV*a*), le *Lièvre* de la collection Stoclet à Bruxelles (pl. XLIV*b*), le *Paon* et le *Perroquet* du Musée du Louvre, tous ces objets semblant appartenir à l'art fatimide.

Le bronze fondu ou ciselé a trouvé aussi son application en plaques sur les épais vantaux de bois des grandes portes de mosquées. Rares sont les portes entièrement fondues en bronze comme celle de la grande mosquée de Damas, qui ne date peut-être que de la restauration du xve siècle.

Comme les anciens, les musulmans ne se sont guère servi jusqu'aux époques modernes que de miroirs de métal. Nous en connaissons encore un assez grand nombre, de forme circulaire, en bronze fondu dans lequel est entrée une assez forte proportion d'argent. Ils portent fréquemment des sphinx ailés, des petits médaillons d'animaux ou de personnages, des frises de bêtes se poursuivant et des bandes d'inscriptions.

Quand on lit dans les auteurs arabes les énumérations de trésors princiers, on reste confondu devant leur richesse en objets précieux de métaux rares. Si nous en connaissons si peu, c'est que justement le prix de leur matière a entraîné leur rapt et, le plus souvent, leur destruction par la fonte. Nous n'avons plus que quelques objets d'argent d'une rareté insigne, qui n'ont dû de survivre qu'à leur conservation dans quelques trésors d'églises ayant heureusement échappé aux bouleversements sociaux. Le coffret d'ivoire et d'argent de la cathédrale de Bayeux est célèbre, comme aussi l'admirable petit coffret d'argent niellé, peut-être mésopotamien, du trésor de Saint-Marc à Venise (pl. XLV) et l'extraordinaire petite aiguière d'argent gravé, trouvée à Rhagès, du Musée de Berlin (pl. XLVI). N'ont jamais été étudiés des vases d'argent avec têtes d'oiseaux détachées, conservés à Petrograd.

Le procédé même de l'émaillerie n'était pas inconnu des Orientaux, comme on peut en juger d'après un fragment provenant des fouilles de Fostat (Musée arabe du Caire) et devant le grand bassin en émail cloisonné sur cuivre avec personnage assis et griffons, conservé au Ferdinandeum d'Innsbruck (pl. XLVII), portant une inscription au nom du prince ortokide d'Amida (1148).

Mais c'est surtout dans le travail extrêmement varié d'un métal beaucoup plus vulgaire, le cuivre, que les ateliers musulmans se sont distingués.

Comme pour la généralité des arts musulmans, l'industrie des cuivres repoussés, gravés ou incrustés se rattache par des liens plus ou moins étroits aux arts du métal pratiqués par les peuples qui les avaient précédés. C'est dire qu'à cet égard l'art des peuples iraniens plus anciens doit être attentivement interrogé. Sans doute il est difficile d'établir la transition d'un art à un autre, mais il semble probable que les premiers cuivres, d'esprit nettement musulman, ont dû être précédés d'objets à décor franchement estampé et repoussé à la façon des orfèvreries d'argent des Sassanides, ou bien gravés avec ou sans adjonction d'éléments exécutés en relief. Ce sont ces premiers cuivres (aiguières, plateaux ou bassins) gravés simplement (Victoria and Albert Museum, Musée de Petrograd, Musée de Berlin, collections Bobrinski et Curtis) (pl. XLVIII) qu'on n'a pas suffisamment étudiés et qui méritent de l'être. Ils ont presque tous été recueillis dans le sol, à Hamadan ou dans la Perse orientale (Khorassan, etc.). Dans ces premiers cuivres, le décor est presque uniquement gravé, la technique d'incrustation d'or ou d'argent véritablement propre aux artisans musulmans ne datant que du XIIe siècle au plus tôt, si l'on se rapporte aux inscriptions datées qui, de plus en plus nombreuses, couvriront les beaux objets de cette industrie durant tout le moyen âge.

Il convient d'adopter pour les cuivres gravés et incrustés un classement provisoire, s'appuyant sur les inscriptions lues, qui comprendrait :

1° Un groupe oriental persan, des provinces orientales et septentrionales, et mésopotamien-arménien, de la région du Haut-Tigre, de Mossoul et Diarbekir du XIIe et du XIIIe siècle;

2° Un groupe occidental, qu'on pourra appeler syro-égyptien, auquel on doit rattacher les beaux cuivres gravés sous les Ayyoubides de la première moitié du XIIIe siècle.

Constatation faite d'un arrêt de production vers 1250, coïncidant avec l'invasion des Mongols et la chute du khalifat en 1258,— puis d'une reprise de cette belle industrie en Syrie, aussi bien qu'en Égypte et au Yémen, après que Beïbars eut fondé à la fin du XIIIe siècle le régime des Turcs mammluks en Égypte. Mais cette industrie continuera souvent à y être pratiquée par des artisans d'origine mésopotamienne-arménienne, de Mossoul, qui s'affirme dans de nombreuses inscriptions.

Cet art des objets de cuivre gravés et incrustés se continua et se généralisa aux XIVe, XVe et XVIe siècles, avec une inégale activité, en Perse, en Syrie, en Égypte, en Turquie et même à Venise, où des ateliers musulmans, ou travaillant à la damasquine, eurent une grande activité.

Le Musée du Louvre possède une des plus belles collections de cuivres incrustés musulmans qui soient : qu'il suffise de citer la petite aiguière (du legs Piet-Lataudrie) avec inscription donnant l'origine persane et la date 1190; le fameux bassin, dit *Baptistère de saint Louis* (pl. XLIX), et le magnifique vase provenant des collections du palais Barberini à Rome, au nom d'un sultan de Damas (1250) ; d'autres pièces magnifiques au British Museum et au Victoria and Albert Museum. On fit aussi de splendides boîtes à *Corans* (Musée de Berlin, Musée arabe du Caire), des *koursis* (meubles pour mettre les livres saints), dont le plus fameux est celui du *maristan* de Kalaoum, daté 1327 (Musée arabe du Caire) (pl. L) et de grands plateaux, comme celui de l'atabek Lulu de Mossoul, du milieu du XIIIe siècle (Bibliothèque de Munich) ou celui d'un Rassoulide du Yemen (legs Delort de Gléon au Musée du Louvre).

La Perse et la Turquie connurent aussi un art admirable des armures et des casques incrustés d'argent (pl. LI).

4. Les cristaux de roche. La verrerie émaillée.

Les musulmans conservèrent des peuples de l'antiquité les pratiques traditionnelles de la taille des pierres dures et l'art particulier de tirer du cristal de roche, taillé à la meule et gravé, de beaux objets à décor ornemental et épigraphique. Mais, pour tourner les difficultés techniques, et par économie, ils ne se privèrent pas de mouler certaines pièces de verre épais, comme les beaux gobelets du Musée d'Amsterdam et du trésor d'Oignies à Namur..

Makrisi, historien arabe du Caire au xve siècle, a décrit les immenses trésors du sultan fatimide Mostanser Billah, qui renfermaient quantité de vases de cristal de roche, au xe-xie siècle. Tout ce que l'on sait du style et du caractère du décor fatimide à cette époque, d'après les tissus surtout, concorde bien avec les représentations décoratives des quelques magnifiques objets de cristal de roche que possèdent les musées et certains trésors d'églises où, montés en orfèvrerie pour servir au culte, ils ont pu ainsi être sauvegardés.

De plus, la provenance égyptienne fatimide se trouve affirmée par la belle buire du trésor de Saint-Marc à Venise portant le nom du khalife fatimide Aziz billah (975-996), dont on peut rapprocher les aiguières tout analogues de forme et de décor du Musée du Louvre (pl. LII), du Victoria and Albert Museum et du Musée germanique de Nuremberg.

Quant à la verrerie, cette industrie est de bien haute antiquité en Orient, et la Phénicie l'a pratiquée en des ateliers très souvent cités dans les auteurs anciens. A en juger par de nombreux objets trouvés dans les tombes coptes de l'Égypte (cimetières d'Akmin), l'industrie du verre à décor moulé y fut pratiquée avant et après l'apparition de l'Islam, qui dut, là encore, s'attacher aux mêmes techniques.

On ne saurait dire à quelle époque et en quels pays les verriers musulmans commencèrent à décorer les verres par l'émaillage ; mais, à s'en rapporter aux récits des voyageurs et des géographes arabes, il paraît bien qu'à une époque ancienne, et peut-être déjà au xe siècle, cette industrie était prospère en Syrie, particulièrement à Tyr, à Damas, à Alep. Que de nombreux fragments émaillés aient été trouvés dans les fouilles opérées à Rakka et à Samarra en Mésopotamie, cela n'infirme pas une origine possible syrienne, et une importation — pas plus d'ailleurs que les inscriptions aux noms de sultans mammluks d'Égypte qu'on rencontre sur un nombre important de grandes lampes jadis suspendues dans leurs mosquées, — la Syrie ayant toujours été en rapports étroits aussi bien avec la Mésopotamie qu'avec l'Égypte. Nos inventaires royaux, notamment celui de Charles V en 1380, citent d'ailleurs des « verres ouvrés en façon de Damas ».

Si, très nombreux au XIVe siècle, les verres émaillés sont si rares au XIIIe comme au XVe, peut-être peut-on l'expliquer par la soumission de la Syrie pacifiée aux Mammluks par la prise de Saint-Jean-d'Acre en 1291, et la grande activité artistique qui en résulta, et, par contre, par la ruine de toutes industries à Alep et à Damas après l'invasion de Timour Lenk en 1400. Ceci dit sans qu'on puisse cependant nier que cette industrie ait existé dans les grandes cités musulmanes de la Perse ou de la Mésopotamie (Mossoul et Bagdad), et aussi du Caucase où les fouilles en ont révélé de nombreux témoins.

Le Musée arabe du Caire est naturellement le plus riche en grandes lampes à décor floral et épigraphique provenant de toutes ses mosquées, d'où d'ailleurs plusieurs furent dérobées anciennement, qui sont aujourd'hui dans tous les musées et collections du monde (pl. LIII).

D'autres beaux objets de verre émaillés sont les gobelets, décorés souvent de sujets animés, personnages, chasses et courses d'animaux (Musée du Louvre, musées et églises de France et d'Allemagne), et les coupes, comme celle du Metropolitan Museum de New York (pl. LIV).

5. La céramique.

L'étude de la céramique des peuples musulmans est des plus attachantes, parce qu'il n'en est pas d'une abondance et d'une variété de décor plus surprenantes. Ils ont triomphé dans la faïence, dans la richesse des émaux colorés d'une richesse éclatante et harmonieuse. Ils ont eu le sens grandiose du décor où les formes humaines, animales, végétales, et même géométriques et épigraphiques, ont une beauté de stylisation décorative qui n'a jamais dans aucun art été dépassée.

Mais il n'est pas d'étude plus difficile, se heurtant à plus d'énigmatiques questions et à des difficultés d'interprétation dans l'examen des objets mêmes.

Ces céramiques, découvertes en fragments par des fouilleurs anonymes, nous arrivent reconstituées sans aucun certificat, même moral, d'origine précise. Les fouilles n'ont jamais été faites d'une façon profonde, en tenant compte en un journal des lieux fouillés, des couches en profondeur, non plus qu'en opérant un classement rigoureux des débris.

En outre, nous ne pouvons faire sur les pièces de céramique musulmane cette riche moisson de renseignements épigraphiques que nous ont donnés abondamment les cuivres gravés et incrustés, qui livrent fréquemment par leurs inscriptions un nom d'artiste, un nom de lieu, une date, parfois même un nom et des titres protocolaires de souverain ou de grand personnage. Sur les céramiques l'inscription qui n'est pas purement ornementale est très rare.

On ne peut donc dissimuler le caractère provisoire et trop souvent hypothétique de tout classement actuel des céramiques, quelque ordre et quelque clarté qu'on cherche à y apporter.

Du moins, pour les origines, avons-nous comme instrument d'études l'excellent recueil de documents de céramique archaïque que patiemment Maurice Pézard a réunis, et dont l'abondance et la nouveauté permettent d'opérer désormais des rapprochements sur une considérable variété de types connus. Cette vaste enquête permet d'affirmer catégoriquement l'étroite dépendance dans laquelle s'est maintenue longtemps la primitive céramique musulmane, qui n'a vécu pendant plusieurs siècles que des anciennes formules décoratives iraniennes, surtout sassanides, que d'ailleurs l'art byzantin avait aussi adoptées. Il est bon de noter qu'à partir du jour où l'Islam entra en contact plus étroit avec l'Empire du Milieu, sous la dynastie des Tang, la céramique musulmane subit l'évidente influence de la Chine, maîtresse de procédés techniques bien plus parfaits.

Il est certain que la part de l'Iran dans le développement des céramiques musulmanes est considérable, que la courbe de son rayonnement s'étend jusqu'aux confins de l'Europe, puisque le procédé du lustre métallique (qui eut une extraordinaire fortune) est peut-être sorti de la Perse, sinon sassanide, du moins proto-islamique, qu'il s'est propagé en Mésopotamie (Samarra), en Égypte (Fostat), en Perse (Reï ou Rhagès), en Tunisie (Kairouan), au Maghreb (Alger) et jusqu'en Espagne (Cordoue, Medinat az Zarah, Valence), et que l'influence persane continua à se faire sentir en Asie-Mineure et en Syrie dans les décors de revêtements muraux et de la vaisselle, aussi bien sous les Seldjouks que dans les ateliers qui firent les beaux plats dits de Damas ou de Rhodes et les éclatants carreaux des mosquées de Brousse et de Constantinople.

Les collections céramiques musulmanes du Musée du Louvre sont d'une telle richesse, qu'on y peut étudier avec sûreté, sur des exemplaires de choix, l'extraordinaire développement de cet art à travers le monde de l'Islam, depuis les pièces archaïques, récemment découvertes, provenant en majeure partie des grands sites historiques de la Perse (pl. LV et LVI). Bien que quelques-unes proviennent de Samarra et de Fostat (pl. LVII), on peut bien les dire d'origine iranienne, car elles portent avec évidence tous ces caractères iraniens, surtout sassanides. Ces caractères allant en s'altérant, chargés d'éléments nouveaux, à mesure qu'on s'éloigne de l'hégire, on peut par larges approximations dater ces documents céramiques du VIIIe au XIIe siècle. On y trouve des décors gravés sur engobe et sous couverte, où le brun, le vert et le jaune sont les dominantes. Ils sont empruntés à la faune, à la flore, aux combinaisons linéaires et géométriques, rarement à la figure humaine.

Une céramique plus fine de terre, très mince de parois, de technique plus habile, d'une gravure ou d'un modelé plus délicats, plutôt sous couverte blanche pure, ou subtilement teintée de bleu pâle ou de jaune, semble en plus intime accord avec la demi-porcelaine de Chine ou ses dérivés coréens du temps de la dynastie des Song.

Le lustre métallique, d'origine si discutée, révélé à Samarra (IXe siècle), en grand nombre à Rhagès, en Perse, jusqu'au XIVe siècle (pl. LVIII), et qu'on retrouve aux mêmes époques tout autour du bassin de la Méditerranée, peut bien être dit d'origine iranienne. Il a irradié un peu partout entre le IXe et le XIe siècle, mais a eu une fortune surprenante en Perse au XIIIe siècle et jusque sous les Séfévides.

A en juger par les innombrables débris recueillis à Fostat, au vieux Caire, et bien classés, après fouilles, par Ali bey Baghat, au Musée arabe du Caire, on peut dire que cette grande cité fut, jusqu'à l'époque ottomane, une extraordinaire consommatrice de céramique locale ou importée.

Cette influence de l'Iran allait encore s'exercer sur ces ateliers de céramistes travaillant, sous les premiers Osmanlis de Brousse, au XVe siècle, à décorer la Mosquée verte. Et c'est cette mode persane si antique de couvrir les murs des édifices de grands revêtements de céramiques, jadis briques, plus tard carreaux émaillés, qui allait prendre un développement inouï dans toute la Turquie (pl. LIX). Les mêmes motifs ornementaux floraux (tulipe, œillet, jacinthe, rose épanouie, palmette persane, arabesque, cyprès) se retrouveront sur les pièces d'usage, qu'on a dites, en appellations commodes, mais trop légèrement localisées, de Rhodes ou de Damas (pl. LX), qui, elles, portent parfois des personnages ou des animaux. Des textes récemment publiés précisent un peu mieux les origines, en nous révélant des commandes de sultans de Constantinople aux maîtres faïenciers de Nicée (Asie Mineure) en 1589, et de Kutayeh.

Sans discuter ici l'origine de la première faïence lustrée qu'on rencontre en Espagne, et qu'on dut pratiquer plus certainement au XIVe siècle à Malaga, les textes permettent d'affirmer que cette céramique fut fabriquée aussi au XIVe siècle à Manissès près de Valence, où elle prit un développement extraordinaire au XVe siècle, pour entrer déjà en décadence à la fin du XVIe (pl. LXI). C'est celle qu'on a appelée hispano-moresque, qui a produit de grands plats et des pots à décors plutôt géométriques, en harmonie fortement contrastée de bleu et de lustre d'or, souvent avec des écussons armoriés, plus tard avec des gros éléments plus naturalistes : trèfles, feuilles de vigne, fleurs, et même animaux stylisés.

Récemment, M. Folch y Torres a exhumé de l'ancienne Paterna, près de Valence, une céramique à décor vert et manganèse sur fond blanc, à décor floral géométrique, mais aussi à personnages et animaux, avec laquelle d'autres céramiques trouvées en Algérie, en Provence, et jusqu'en Italie offrent une étonnante analogie.

L'Andalousie connut enfin une céramique de vaisselle et de carreaux gravés (*azulejos*) par le procédé de la *cuerda seca* qui fut en grande faveur. Cette technique, remontant à une époque assez ancienne (disons le XIIIe siècle), était celle de la mosaïque de carreaux assemblés par les maçons ; M. Marçais l'a constatée aussi dans certains monuments du Maghreb, à Tlemcen par exemple.

6. Les tissus et les tapis.

L'étude des tissus musulmans est d'une très grande complexité. Certains l'ont tentée en allant aux sources écrites, par pure érudition basée sur une formidable lecture (MM. F. Michel et V. Gay), d'autres s'adressant surtout aux tissus mêmes (M. Otto von Falke). Il en résulte que, là encore, fatalement, cette étude ramène initialement à celle des tissus sassanides, coptes et byzantins, aussi bien dans la matière employée, la soie, que dans les dispositions décoratives : la roue tangente ou isolée, l'affrontement hiératique, ou les sujets de chasse ou de combats.

Les difficultés sont grandes quand il s'agit de chercher des origines de fabrication à ces tissus de soie, dont les textes nous parlent abondamment comme ayant été fabriqués dans les *tiraz* (ateliers) des souverains fatimides du Caire ou à Palerme (de cette dernière origine précise est du moins le magnifique manteau de couronnement conservé à la Hofburg à Vienne). C'est dans les musées spéciaux (Kunstgewerbe Museum de Berlin, Victoria and Albert Museum, Musée de la Chambre de Commerce de Lyon, trésors des églises) et à la lumière des ouvrages qui ont été consacrés à ces collections (dus à MM. Falke, Cox, Kendrick) qu'il convient de se livrer à cette étude. On admirera entre autres, dans nos musées du Louvre et de Cluny, les tissus persan et sicilien que nous reproduisons (pl. LXII et LXIII).

Pour les velours et les soies de la Perse des Séfévides ou de la Turquie des Osmanlis, l'étude est plus aisée, puisqu'elle s'appuie sur les comparaisons de décors avec la céramique.

Assez récemment fut affirmée l'origine arménienne assez ancienne, remontant aux environs du XIIIe siècle, mais bien discutable, des tapis noués, offrant des décors à dispositions rigides de motifs floraux et peut-être animaux extrêmement déformés (exemples, d'ailleurs rares, au Musée de Berlin et au Victoria and Albert Museum). Les trois tapis qui se trouvent encore à la mosquée Ala ed din de Konieh, avec leurs bordures à inscriptions coufiques, insuffisamment étudiés, ont-ils cette origine ? Sont-ce ceux que Marco Polo au cours de son voyage, à la fin du XIIIe siècle, dit avoir vus ?

Il ne semble vraiment pas que nous puissions remonter plus loin dans notre connaissance des tapis.

On est moins hésitant avec les splendides tapis à sujets de chasse ou de combats d'animaux, en laine et en soie, en intime connexion avec certaines enluminures de livres faits pour des shahs séfévides de Perse, et peut-être même d'après les dessins fournis par des peintres célèbres de leurs cours (le grand tapis de la Maison impériale d'Autriche à Schönbrunn (pl. LXIV), ceux du Louvre, du Victoria and Albert Museum, du Musée de Berlin, du Musée Poldi-Pezzoli à Milan, du Musée de la Chambre de Commerce de Lyon) — ou avec ces magnifiques tapis à décor floral ordonné, comme celui de la mosquée d'Ardebil en Perse, avec une inscription datée 1540 (Victoria and Albert Museum).

La fréquence d'éléments chinois dans le décor n'est pas pour surprendre, chez des peuples sur lesquels les Mongols avaient imposé leur autorité depuis le XIIIe siècle.

Les ateliers de Turquie et d'Asie Mineure n'ont cessé depuis le XVIe siècle de maintenir les belles traditions du tapis noué, et leur succès fut toujours des plus vifs, à en juger par les belles représentations qu'en donnent si souvent dans leurs tableaux les peintres flamands et italiens des XVIe et XVIIe siècles. C'est même en suivant la représentation des tapis dans les tableaux des peintres que MM. Lessing et Bode, en Allemagne, ont tenté un classement des tapis par types et par synchronisme. En effet, la présence si fréquente de tapis de certains genres dans des tableaux à dates à peu près précises nous fournit la certitude que ces types de tapis ne pouvaient pas être d'une date postérieure à celle à laquelle les tableaux avaient été peints ; il aurait fallu cependant apporter un certain scepticisme à considérer comme aussi anciens tant de tapis qui n'étaient souvent qu'un hommage des artisans modernes aux traditions respectées du passé. Les principaux centres de fabrication étaient en Asie Mineure, en Arménie, en Anatolie. Smyrne en était le grand marché d'où les barques les transportaient ensuite à Venise ou à Bruges.

CONCLUSION

Comme l'a fort bien écrit M. Edmond Pottier quand il accueillit avec tant de sympathie notre *Manuel d'art musulman* : « L'art arabe en soi n'existait pas, il s'est fait lentement, sur place, après la conquête, par la collaboration intime des populations soumises et des vainqueurs, les uns y mettant leur science des métiers, les autres, leur tempérament. Les vaincus ont travaillé pour les vainqueurs, en se pliant à leurs goûts, à leurs convenances. Mais ils ont créé cet art avec les débris et avec les traditions des anciennes civilisations indigènes. De là cette quantité de motifs byzantins, persans, même grecs, assyriens ou chaldéens qui surnagent au milieu des créations admirables des artistes musulmans. La race y a mis son empreinte, sa personnalité vigoureuse ; mais le fond est un amalgame de longs siècles de civilisation orientale ».

Cet art s'est insinué lentement à travers le vieux monde occidental ; c'est maintenant un truisme de constater son influence. Notre art roman déborde de réminiscences des arts musulmans, ce fut une des principales sources où il s'alimenta : c'est le sujet d'un des plus beaux livres que M. Émile Mâle ait écrits. L'Occident, en rapports constants d'affaires avec l'Orient par ses ports de la Méditerranée, par les villes du Sud de l'Italie, par le Midi de la France et par l'Espagne, lui dut une bonne part dans l'élaboration d'un art qui couvrit l'Europe de monuments extraordinaires. Et c'est surtout par les petits objets de transmission facile, les ivoires, les étoffes que cette influence s'étendit insensiblement.

BIBLIOGRAPHIE SOMMAIRE

GIRAULT DE PRANGEY, *Monuments arabes d'Égypte, de Syrie, d'Asie Mineure.* Paris, 1846-1852, in-4.

BOURGOIN (J.), *Les Arts arabes.* Paris, 1873, in-4.

PRISSE D'AVENNES (E), *L'Art arabe d'après les monuments du Caire.* Paris, 1878, in-folio.

— *La Décoration arabe.* Paris, 1880, in-folio.

LANE-POOL (St.), *Saracenic art.* Londres, 1886, in-8.

COSTE (P.), *L'Architecture arabe.* Paris, 1893, pet. in-folio.

GAYET (A.), *L'Art arabe.* Paris, 1893 (Bibliothèque de l'enseignement des Beaux-Arts), in-8.

— *L'Art persan.* Paris, 1894 (ibid.), in-8.

FRANZ PACHA (J.), *Die Baukunst der Islam.* Darmstadt, 1896, in-4.

EBERS (G.), *Egypt.* London, 1898, in-4.

BORRMANN (R.), *Die Baukunst der Islam im Mittelalter.* Leipzig, 1904, in-4.

MARGOLIOUTH (G.), *Cairo, Jerusalem, Damas.* London, 1907, in-4.

SALADIN (H.), *Manuel d'art musulman* ; I : *Architecture.* Paris, A. Picard, 1907, in-8.

MIGEON (Gaston), *Manuel d'art musulman* ; II : *Les arts industriels.* Paris, A. Picard, 1907, in-8.

FAGO (V.), *Arte araba.* Rome, 1909, in-4.

SARRE (F.), *Denkmäler der persischen Baukunst.* Berlin, 1910, in-4, av. 1 atlas de planches.

RIVOIRA (G.-T.), *Moslem architecture.* Oxford, 1919, in-4.

CRESWELL (K.-A.-C.), *Chronology of Mohammadan monuments of Egypt.* Cairo, 1919, gr. in-8.

DIEZ (E.), *Die Kunst der islamischen. Vôlker.* Berlin, 1919, in-4.

DEVONSHIRE (Mrs. R.-L.), *Some Cairo Mosques and their founders.* London, 1921, in-4.

BRIGGS (M.), *Mohammedan architecture of Egypt and Palestine.* Oxford, 1924, in-4.

KÜHNEL (E.), *Miniaturmalerei im islamischen Orient.* Berlin, 1922, in-8.

— *Maurische Kunst.* Berlin, 1924, in-8.

— *Islamische Kleinkunst.* Berlin, 1925, in-8.

TABLE DES PLANCHES

XXVII. L'Alhambra de Grenade : cour des Lions (1354).

XXVIII. Enluminure d'un « Coran » du sultan Chaâban (fin du XIVe siècle (Bibliothèque royale du Caire).

XXIX. Miniature d'un « Makamat » (1237), art mésopotamien (Bibliothèque Nationale de Paris, fonds Schefer) ; — Miniature du « Divan » de Mir Ali Shir Nevaï, art persan, xve siècle (Bibliothèque Nationale de Paris).

XXX. Miniature de la « Chronique » de Rashid ed din, art persan mongol, début du XIVe siècle (Bibliothèque Nationale de Paris).

XXXI. Miniature du «Bostan» de Saadi, exécutée par Behzad (1488), art persan (Bibliothèque royale du Caire).

XXXII. Dessin rehaussé par Mohammedi Moçawer (daté 1578), art persan (Musée du Louvre).

XXXIII. Jehangir, grand mogol de l'Inde, tenant le portrait de son père Akbar, miniature hindoue, XVIIe siècle (Musée du Louvre).

XXXIV. Cuve à ablutions en pierre (datée 988), art arabe d'Espagne (Musée archéologique de Madrid) ; — Vasque en marbre (datée 1278), art syrien (Victoria and Albert Museum, Londres).

XXXV. Porte en bois de la mosquée d'al Hakim (début du XIe siècle), art arabe du Caire (Musée arabe du Caire).

XXXVI. Panneaux en bois d'époques toulounide et fatimide (IXe et Xe siècles), art du Caire (Musée arabe du Caire et Musée du Louvre).

XXXVII. Porte en bois, art seldjouk, XIIIe siècle (Musée de Constantinople).

XXXVIII. Vantaux de portes en bois, art seldjouk de Konieh, XIIIe siècle, et pupitre, art turc, XIIIe siècle (Musée de Constantinople).

XXXIX. Plaques de coffrets en ivoire, art fatimide d'Égypte, XIe siècle (Collection Carrand, Musée du Bargello, Florence).

XL. Plaque en ivoire, face et revers, art mésopotamien ou persan, avant le XIIIe siècle (Musée du Louvre).

XLI. Boîte en ivoire, au nom d'al Mugirat, fils d'Abd er Rahman III, khalife de Cordoue (datée 968), art hispano-moresque (Musée du Louvre) ; boîte en ivoire, Xe siècle, art hispano-moresque (Trésor d'église espagnole).

XLII. Coffret en ivoire, au nom d'Abd al Malik ben al Mansour (daté 1005), art hispano-moresque (Cathédrale de Pampelune).

XLIII. Griffon en bronze, art fatimide, XIe siècle (Campo Santo, Pise).

XLIV. Cheval en bronze (Collection Carrand, Musée du Bargello, Florence), et Lièvre en bronze (Collection Stoclet, Bruxelles) : pièces de fontaines, art fatimide, XIe siècle.

XLV. Coffret en argent gravé et niellé, art mésopotamien, XIe-XIIe siècles (Trésor de Saint-Marc, Venise).

XLVI. Aiguière en argent repoussé, art persan, XIIe-XIIIe siècles (Kaiser Friedrich Museum, Berlin).

XLVII. Bassin en cuivre et émaux champlevés, au nom d'un prince ortokide d'Amida (Diarbekir), art mésopotamien, milieu du XIIe siècle (Musée Ferdinandeum, Innsbruck).

XLVIII. Chaudron en cuivre gravé, art persan, XIIe siècle (Collection A. Curtis, Paris) ; aiguière en cuivre incrustée d'argent, datée 1232 (Mossoul) (British Museum, Londres).

XLIX. Grand bassin en cuivre incrusté d'argent, dit « Baptistère de saint Louis », Mossoul, XIIIe siècle (Musée du Louvre).

L. Koursi en cuivre incrusté d'argent, exécuté pour le sultan Malik en Nassir au Caire (daté 1327) (Musée arabe du Caire).

LI. Casque en fer incrusté d'argent, art syro-turc, XIVe ou XVe siècle (Collection du baron Nathaniel de Rothschild, Vienne).

LII. Aiguière en cristal de roche provenant du trésor de l'abbaye de Saint-Denis, art fatimide du Caire, XIe siècle (Musée du Louvre).

LIII. Lampe de mosquée en verre émaillé, art syro-égyptien, XIVe-XVe siècles (Musée Stieglitz, Petrograd).

LIV. Coupe en verre émaillé, art syro-égyptien, début du XIVe siècle (Metropolitan Museum, New-York).

LV. Vase en faïence à décor en relief, couverte blanche, art persan, XIe siècle (Musée du Louvre).

LVI. Bassin en faïence à décor gravé d'un lion, IXe ou Xe siècle, et coupe en faïence à décor lustré, Xe ou XIe siècle (Musée du Louvre) ; coupe en faïence à décor polychrome, art persan de Rhagès, XIIIe siècle (ancienne collection Engel-Gros).

LVII. Vase en faïence à décor lustré, art fatimide du Caire, XIe siècle (ancienne collection du Dr Fouquet).

LVIII. Vase en faïence à décor en relief lustré, art persan, XIVe siècle (Musée de l'Ermitage, Petrograd).

LIX. Revêtement céramique de la mosquée du sultan Achmed à Constantinople (début du XVIIe siècle).

LX. Plats en faïence de Damas (Musée du Louvre et collection de M. Raymond Kœchlin) ; chope en faïence d'Asie Mineure, XVIe siècle (Musée du Louvre).

LXI. Plats en faïence lustrée, art hispano-moresque, Valence, XVe siècle (Musée du Louvre et collection de M. A. Personnaz, Bayonne).

LXII. Tissu de soie, dit « Suaire de saint Josse », art persan, deuxième moitié du Xe siècle (Musée du Louvre).

LXIII. Tissu de soie, art sicilien ou hispano-moresque, XIe-XIIe siècles (Musée de Cluny, Paris).

LXIV. Tapis de soie à sujets de chasse, art persan, XVIe siècle (Château de Schönbrunn, Autriche).

TABLE DES MATIÈRES

I

L'ARCHITECTURE

II

LES ARTS DÉCORATIFS ET INDUSTRIELS

MACON, PROTAT FRÈRES, IMPRIMEURS. — MCMXXVI.

Pl. I.

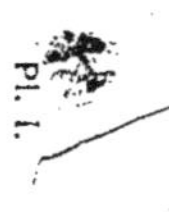

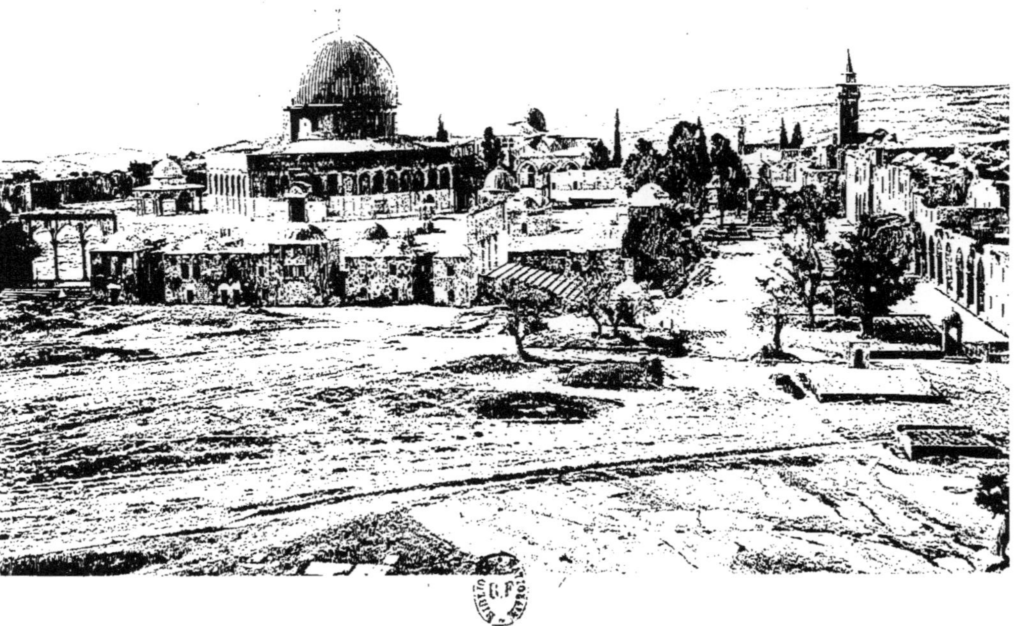

Le Haram ech Cherif et la Qubbat as Sakhrah ou Mosquée d'Omar, à Jérusalem.

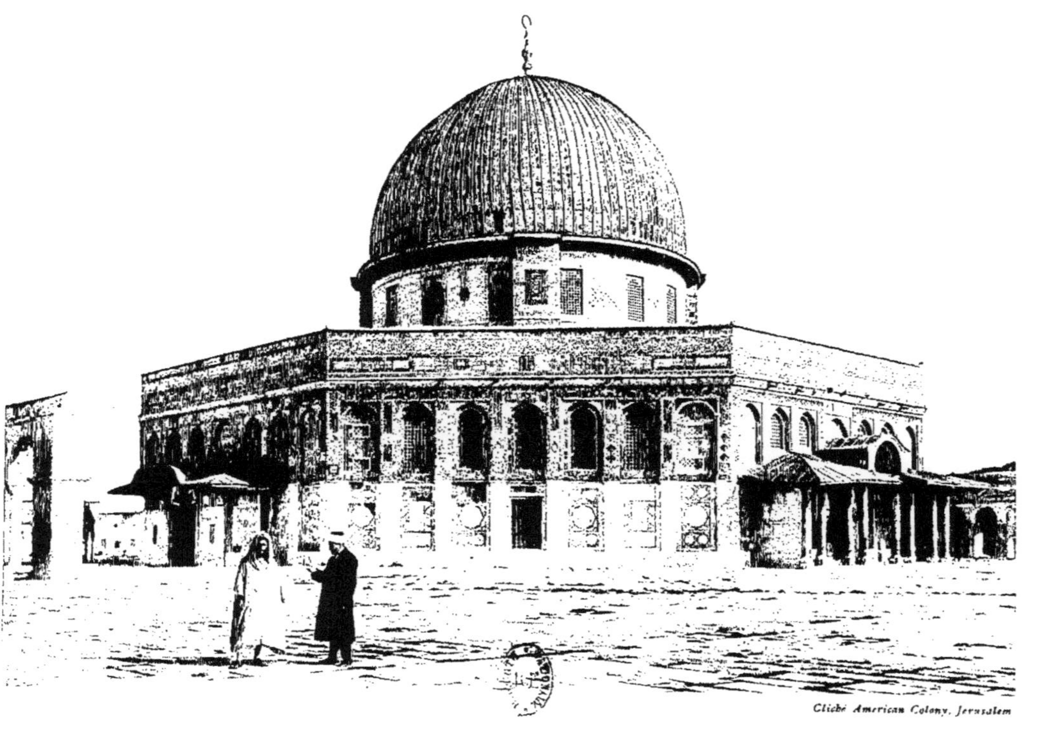

Cliché American Colony, Jerusalem

La Qubbat as Sakhrah, ou Mosquée d'Omar, à Jérusalem
(fin du VIIe siècle).

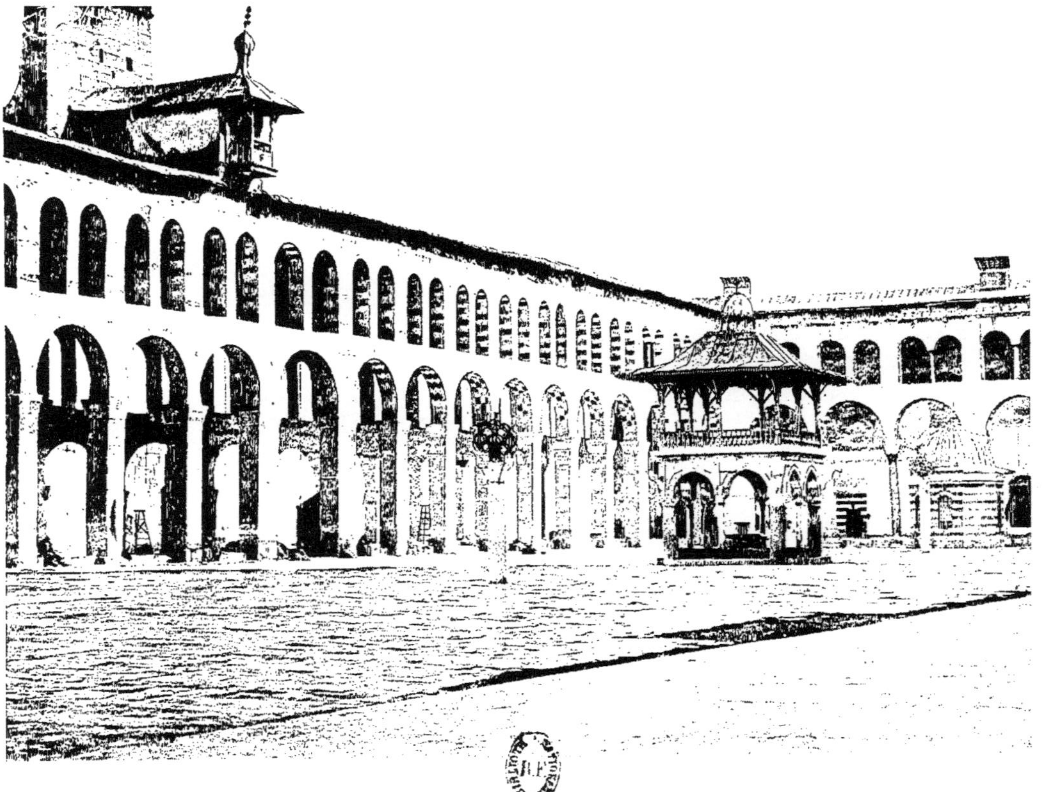

La grande mosquée des Ommiades, à Damas, avant l'incendie de 1893
(début du VIIIᵉ siècle).

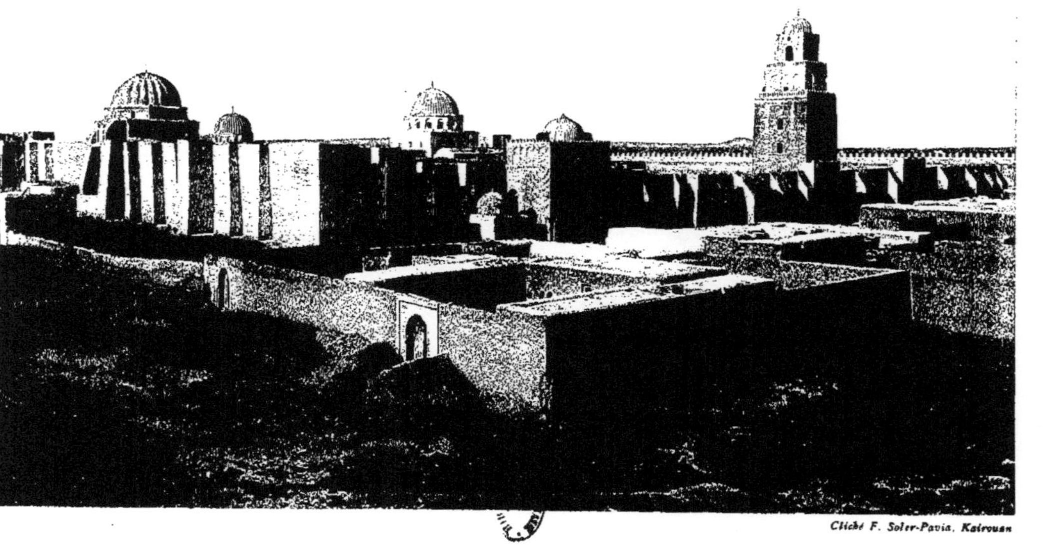

Cliché F. Soler-Pavia, Kairouan

Mosquée de Kairouan (Tunisie) (VIIIe-IXe siècles).

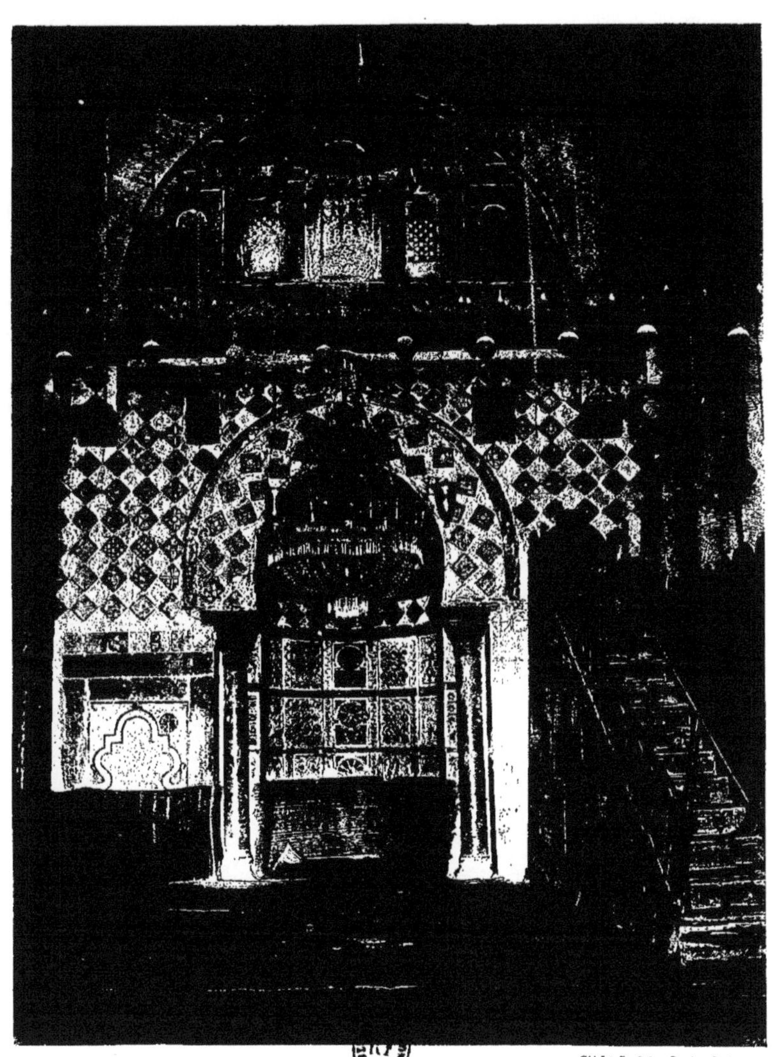

Cliché F. Soler-Pavia, Kairouan

Mosquée de Kairouan : mirhab et carreaux de faïence lustrée (fin du IXe siècle).

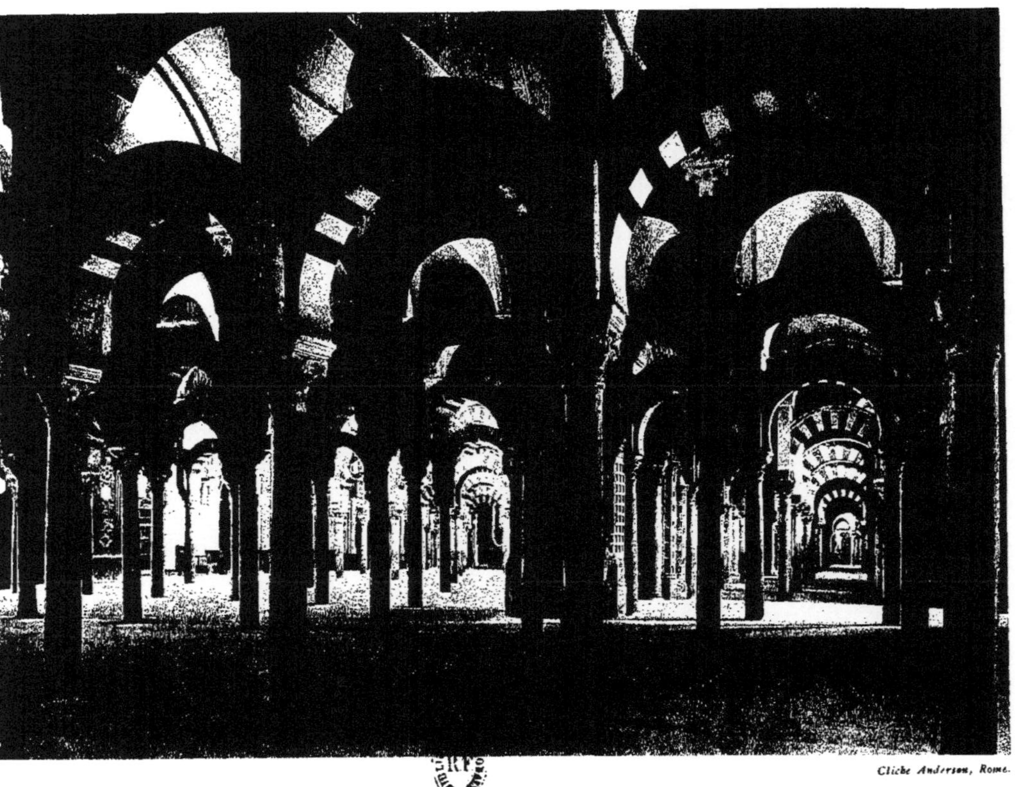

Cliché Anderson, Rome.

Mosquée de Cordoue : intérieur (fin du VIIIe siècle).

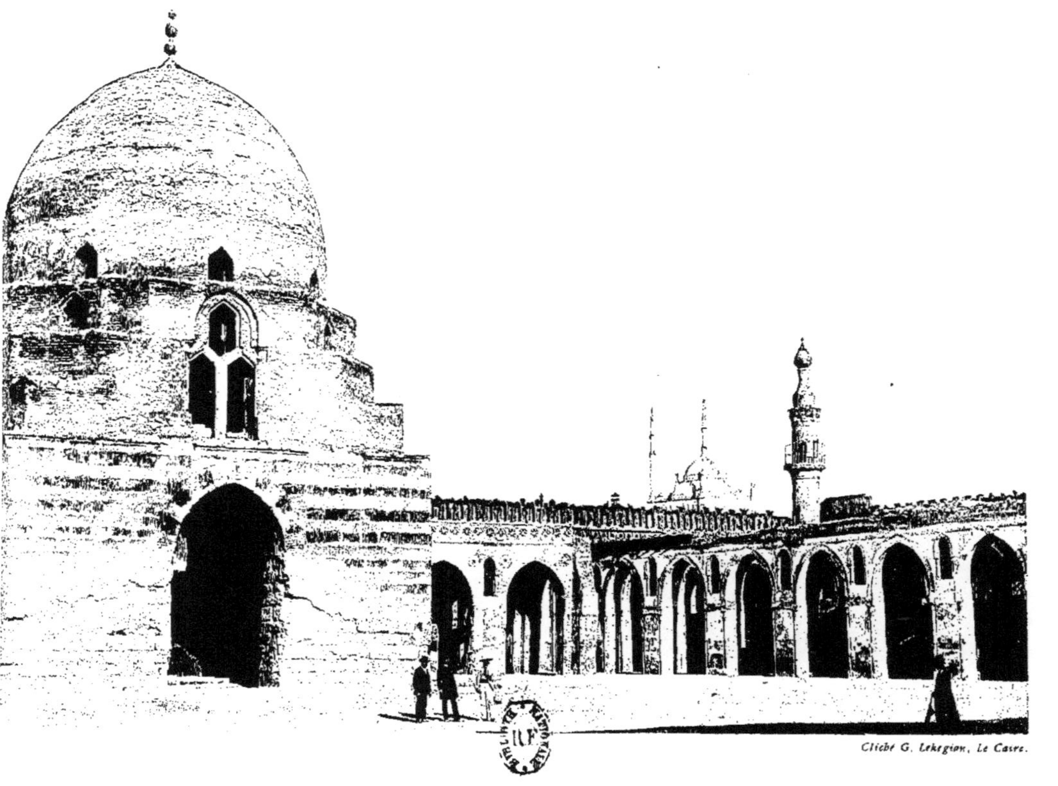

Cliché G. Lekegian, Le Caire.

Mosquée d'Ahmad ibn Tulun, au Caire (879).

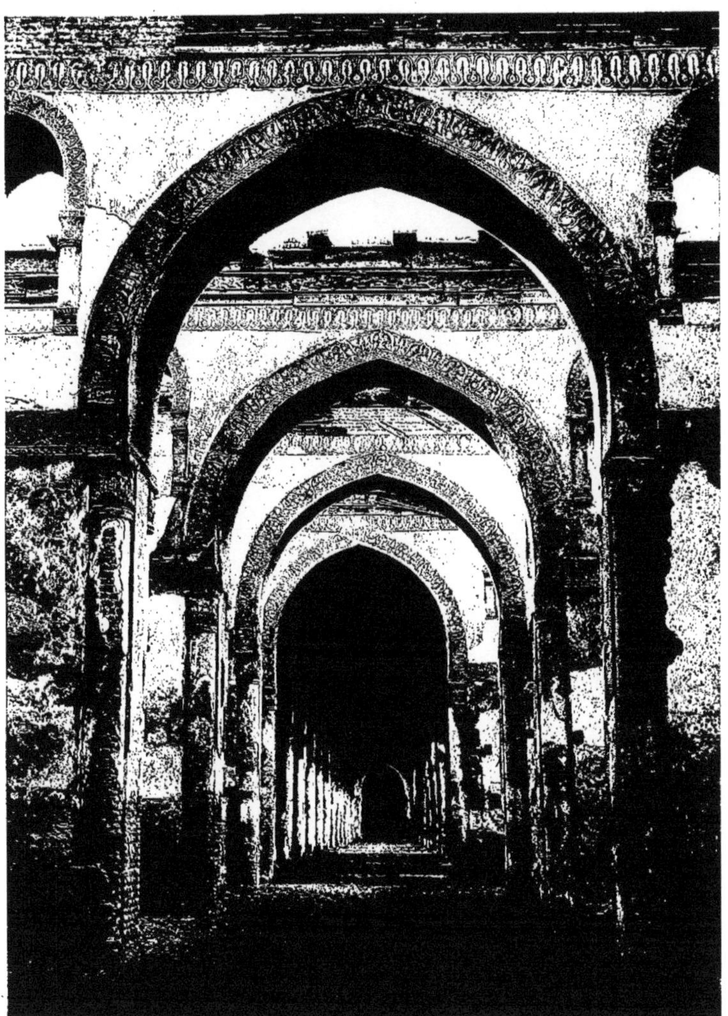

Cliché A. Lekegian, Le Caire.

Mosquée d'Ahmad ibn Tulun, au Caire : galerie du liwan, décor en stuc (879).

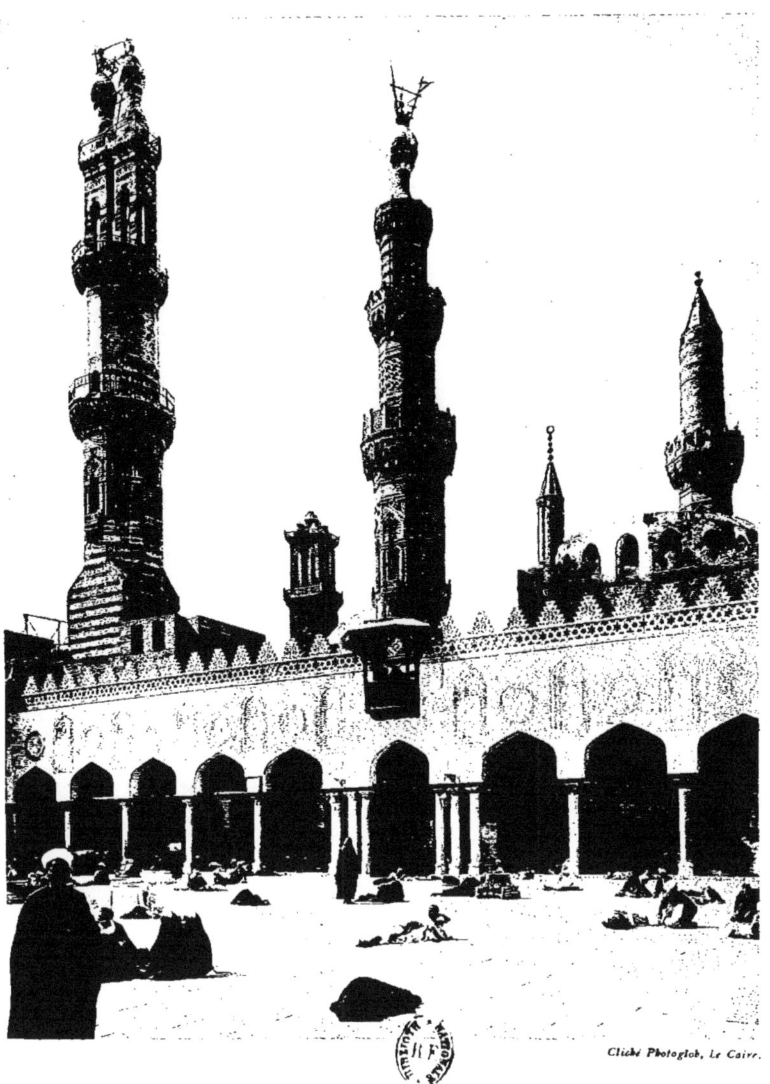

Cliché Photoglob, Le Caire.

Mosquée d'El Azhar, au Caire (970) et ses minarets (xvᵉ siècle).

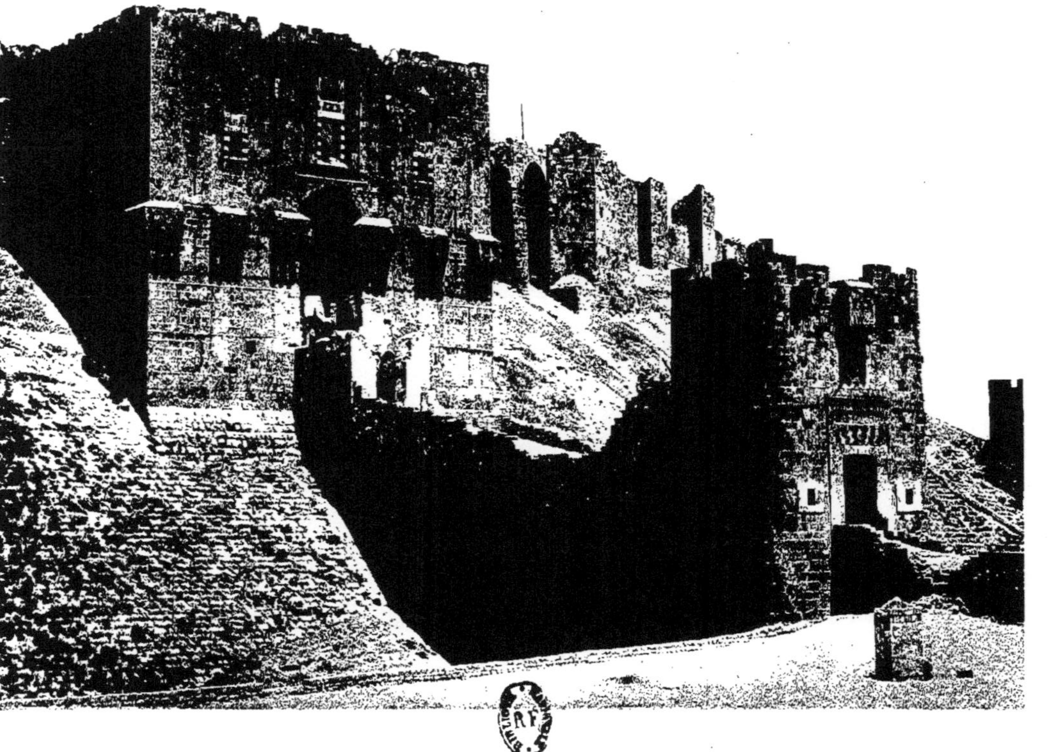

Citadelle d'Alep (Syrie) (XIIe-XIIIe siècles).

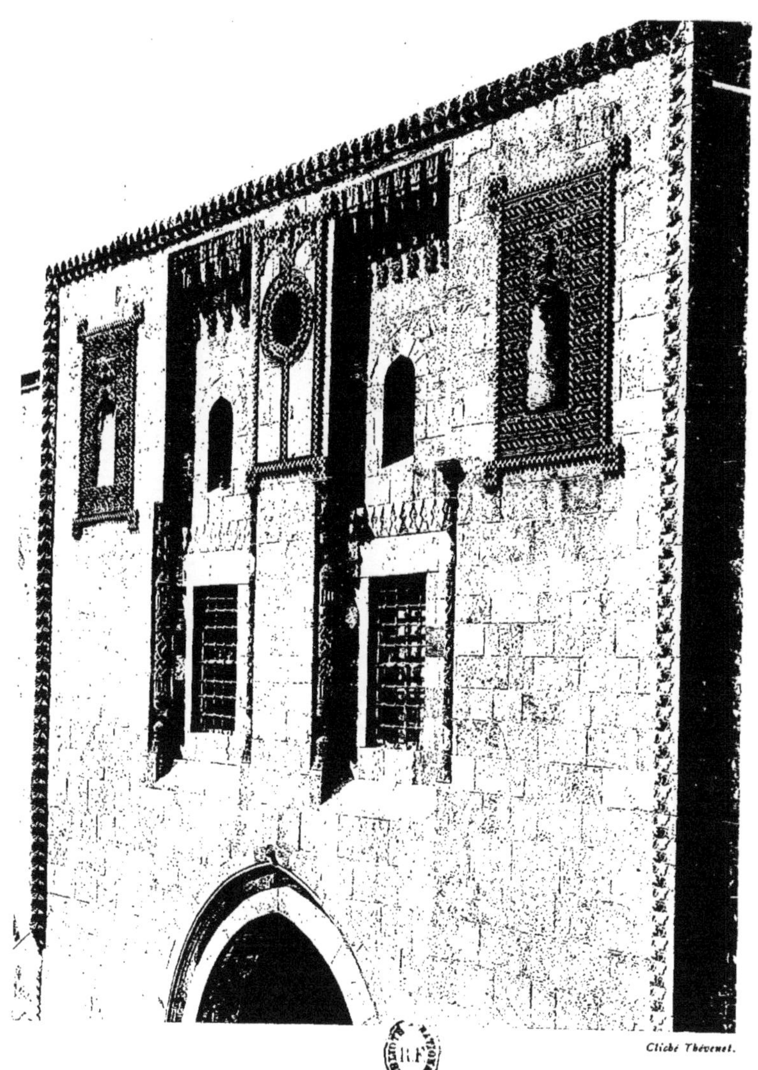

Cliché Thévenet.

Façade du Khan Saboun, à Alep (XIIIe siècle).

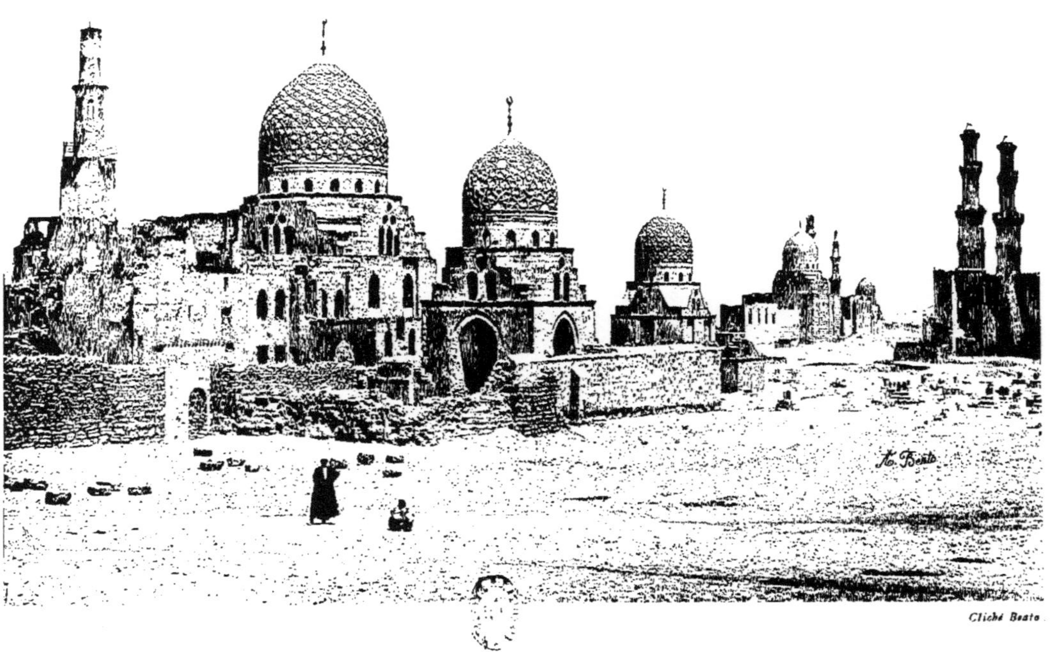

Cliché Beato

Tombeaux des Khalifes, au Caire (xve-xvie siècles).

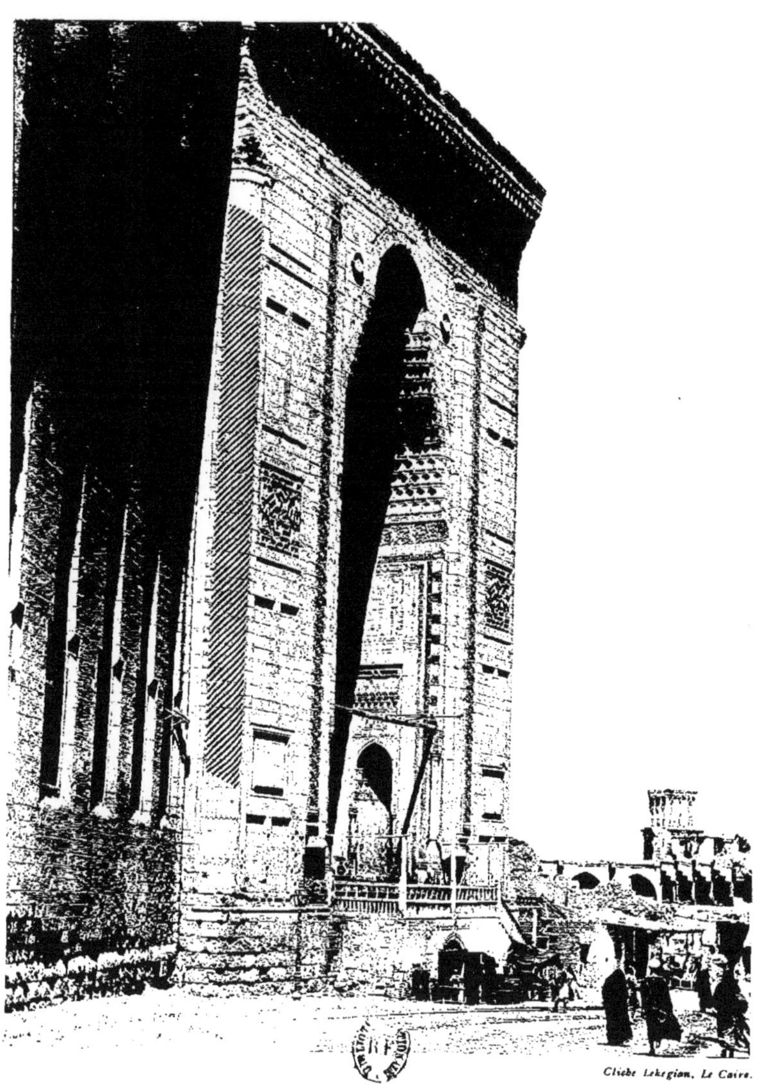

Cliché Lekegian, Le Caire.

Mosquée du sultan Hassan, au Caire : portail (xivᵉ siècle).

Pl. XIV.

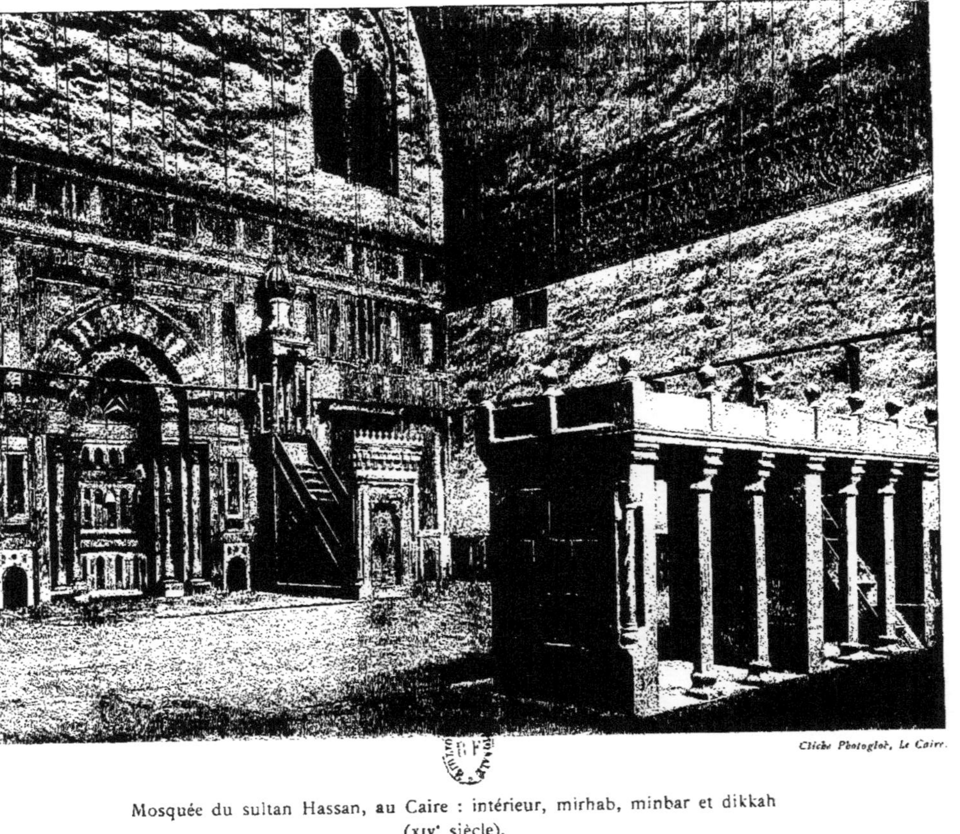

Cliché Photoglob, Le Caire.

Mosquée du sultan Hassan, au Caire : intérieur, mirhab, minbar et dikkah (XIVe siècle).

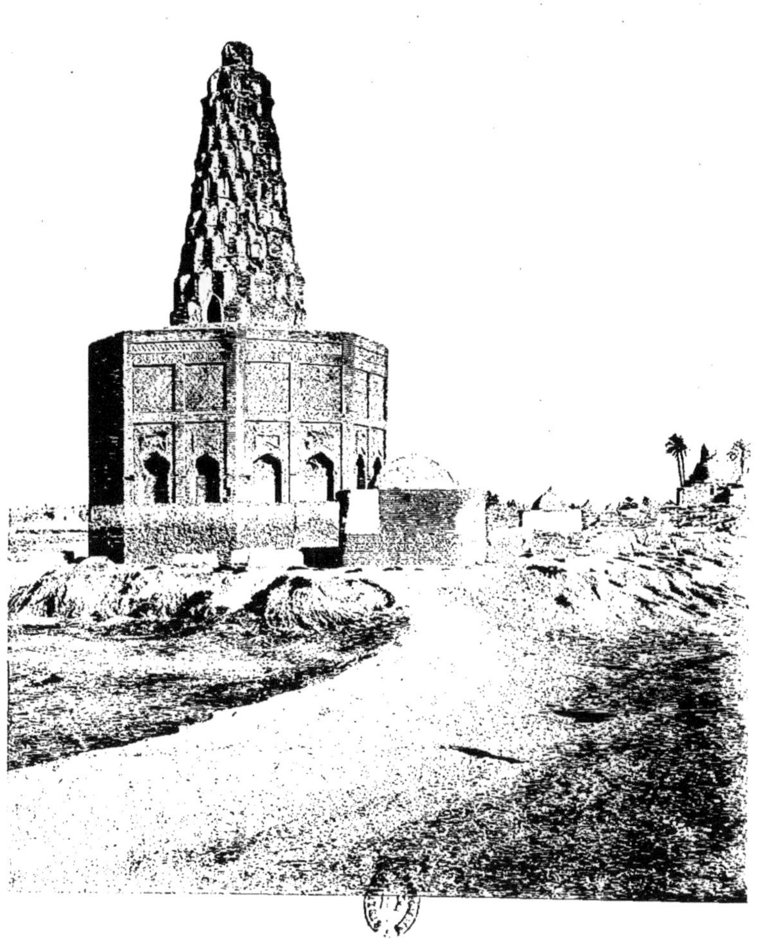

Tombeau en briques de Zobeïda, épouse d'Haroun ar Rashid, près Bagdad (vers 834).

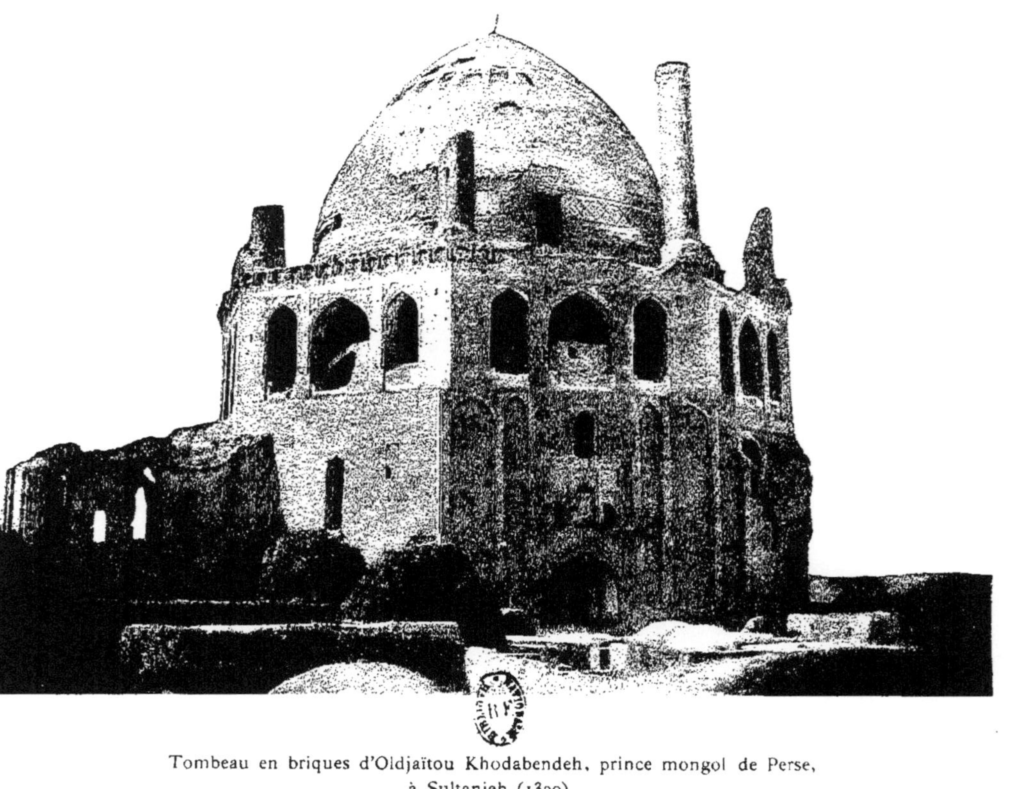

Tombeau en briques d'Oldjaïtou Khodabendeh, prince mongol de Perse, à Sultanieh (1320).

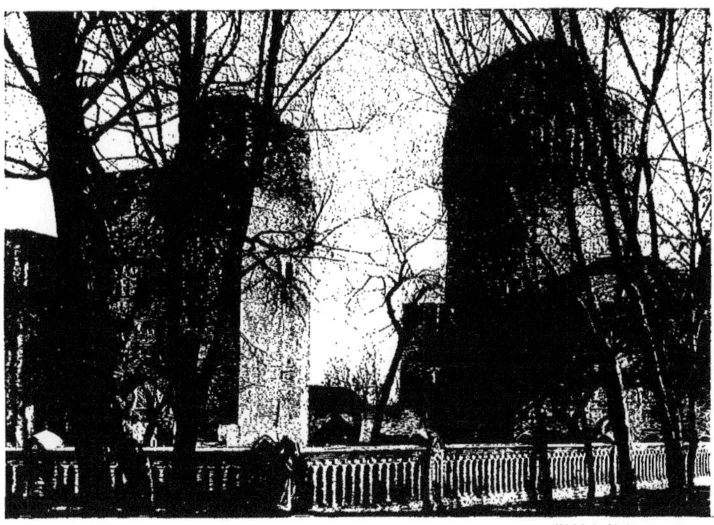

Cliché de M. Hugues Krafft.

Le Gour Emir, tombeau de Timour Lenk, à Samarcande (1405).

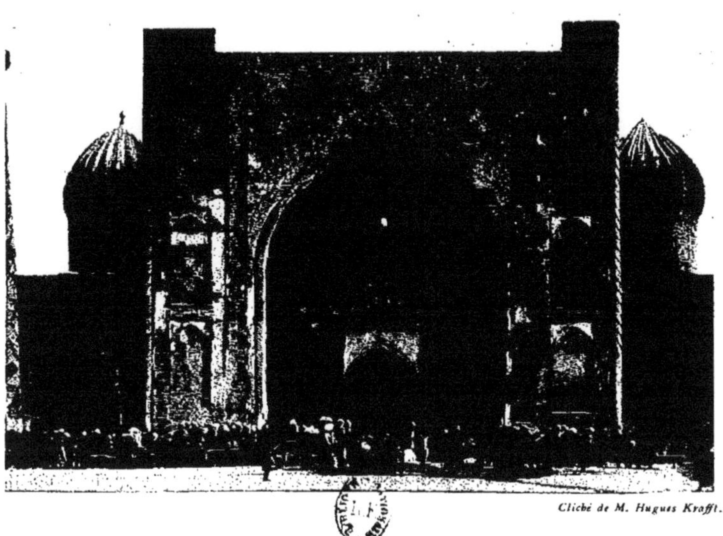

Cliché de M. Hugues Krafft.

La madrasah Shir-dar, à Samarcande (1601).

Pl. XVIII.

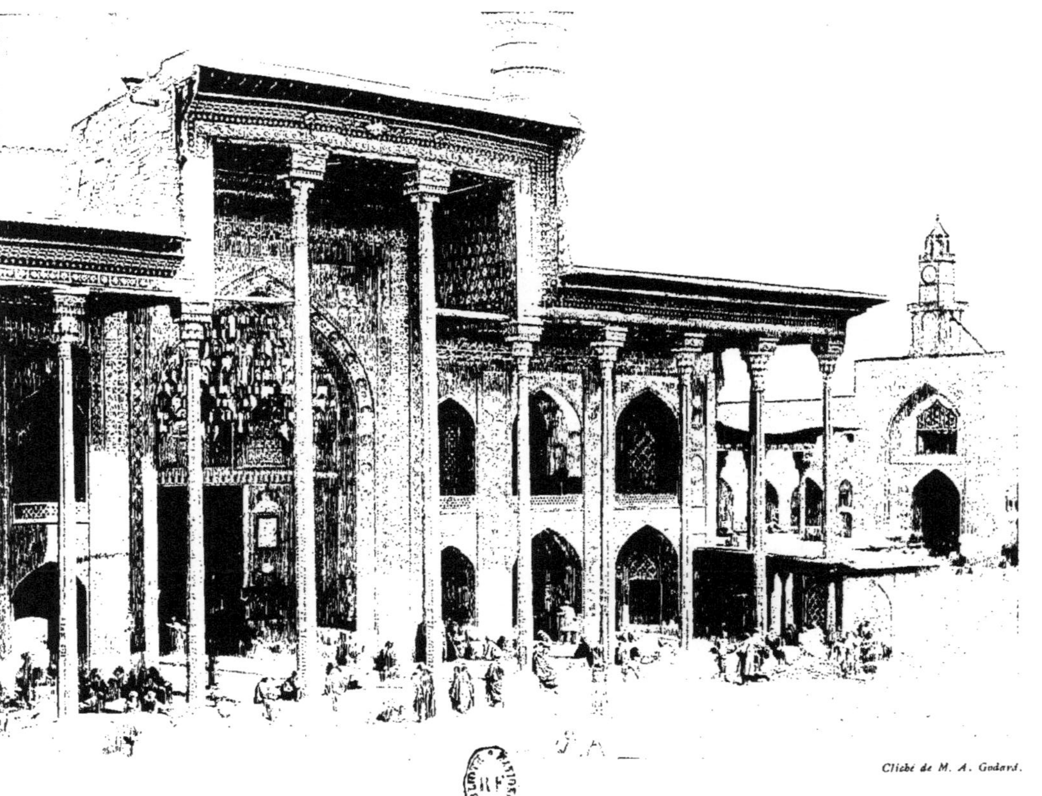

Cliché de M. A. Godard.

Mosquée persane de Kazémié, près Bagdad (XVIe siècle).

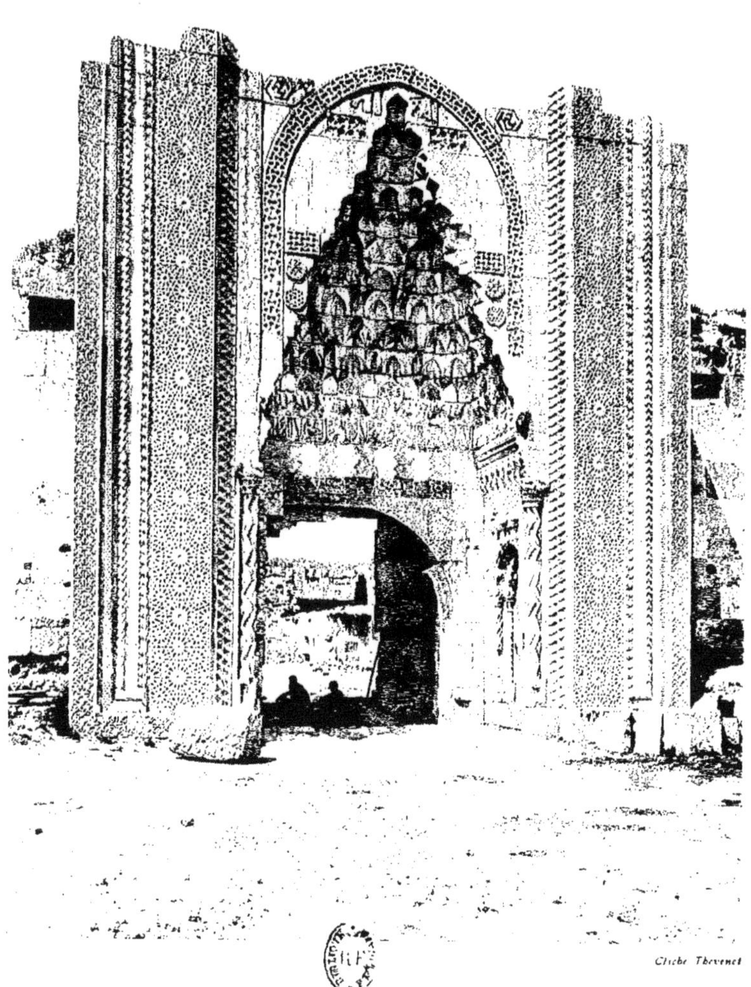

Cliché Thevenet

Caravansérail de Sultan Khan, près Konich (Anatolie) : portail extérieur (milieu du XIIIᵉ siècle).

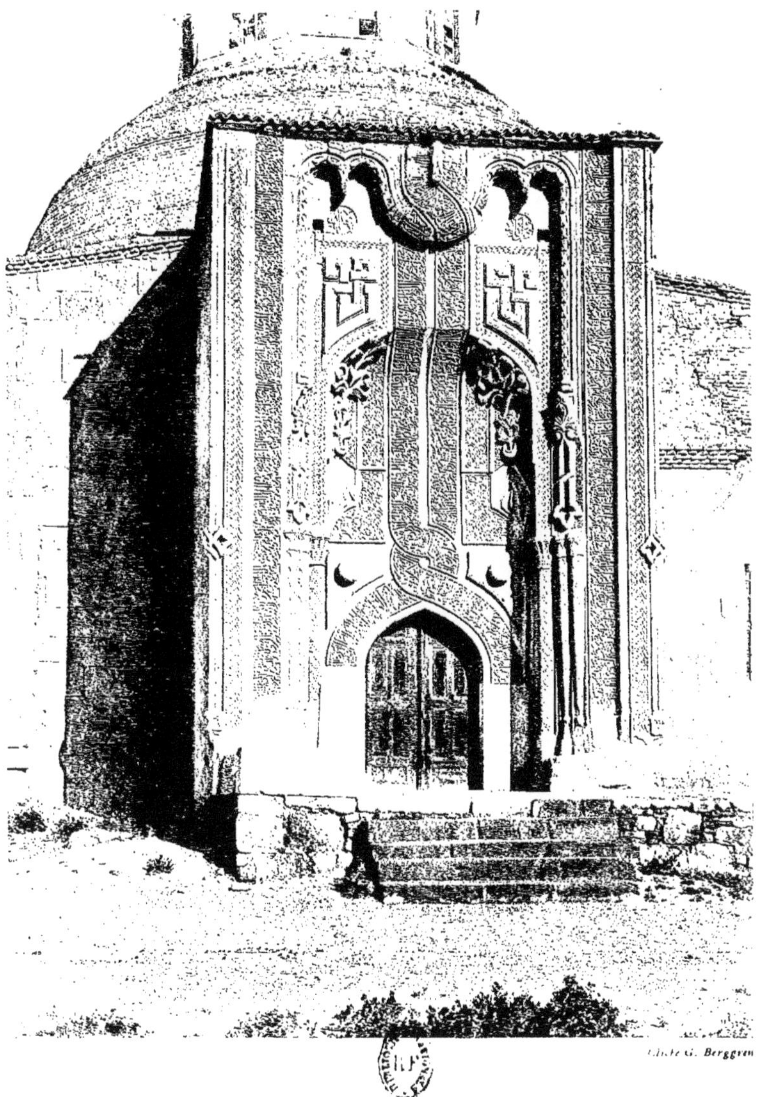

Cliché G. Berggren

La madrasah Indjé Minarelli, à Konieh (Anatolie) (1251).

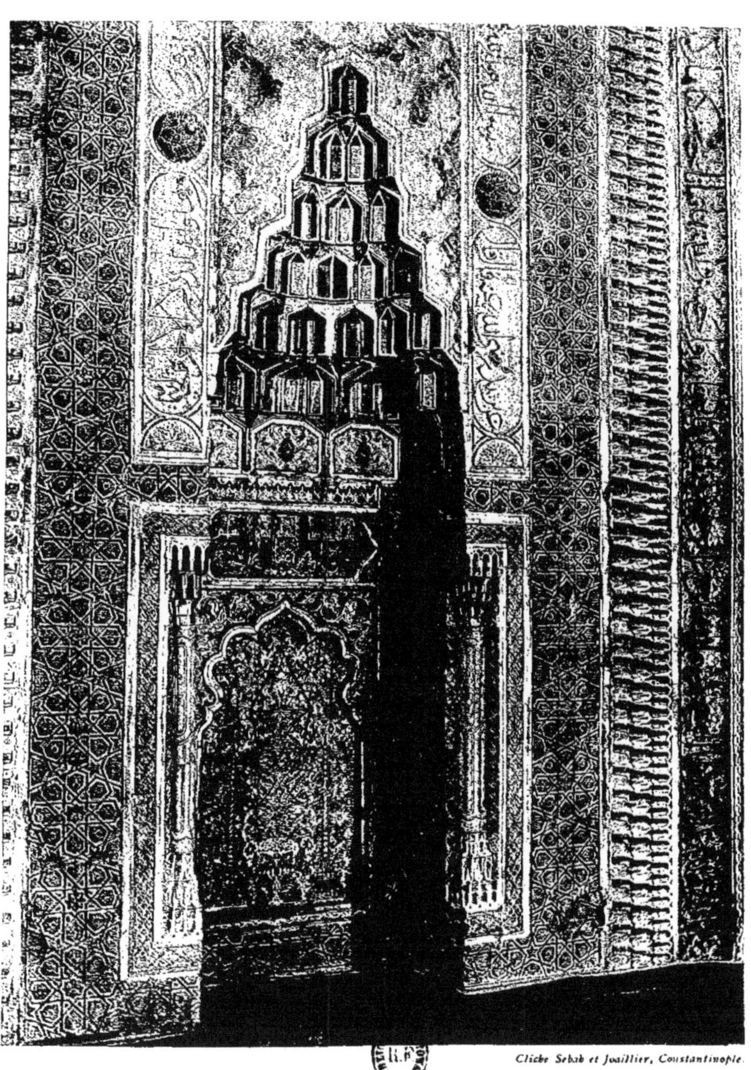

Cliché Sebah et Joaillier, Constantinople.

Le Turbé vert, à Brousse (Asie Mineure) (vers 1421).

Pl. XXII.

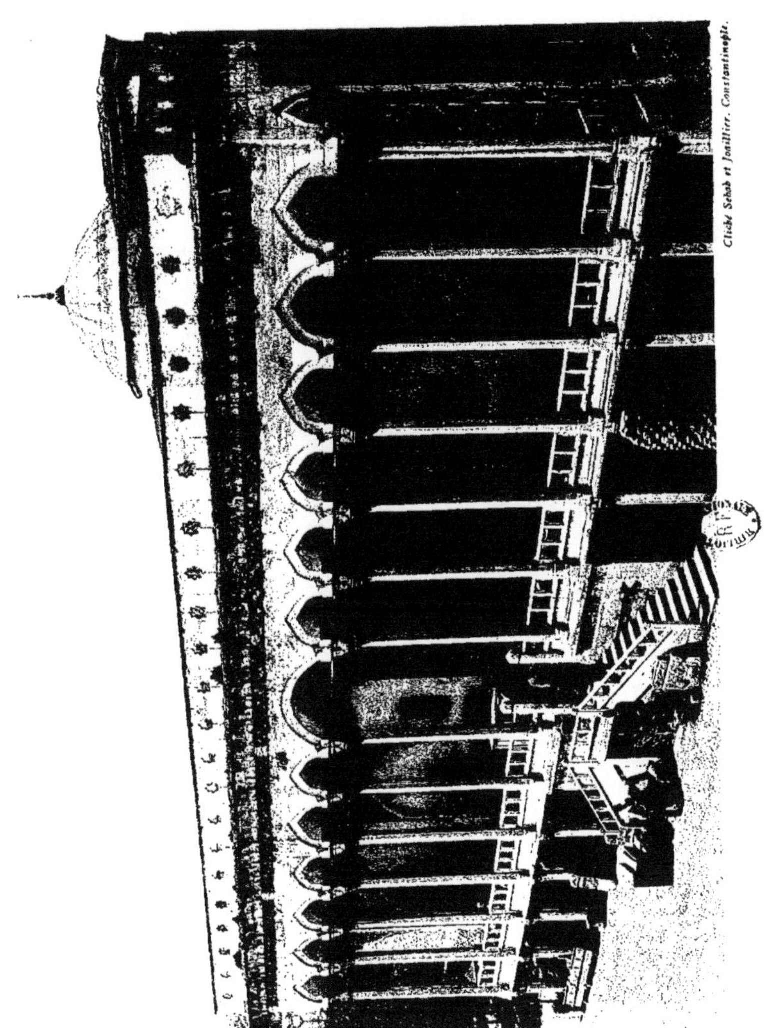

Cliché Sebah et Joaillier. Constantinople.

Chinli Kiosk, à Constantinople (1466-1470).

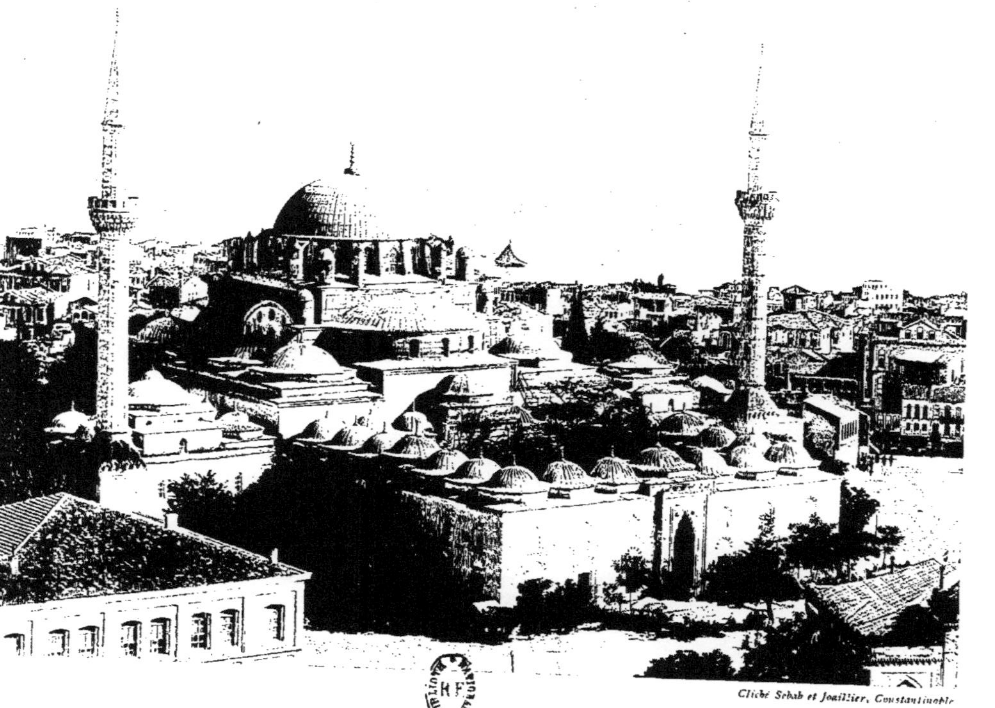

La Mosquée de Bajazet, à Constantinople (1497-1505).

Pl. XXIV.

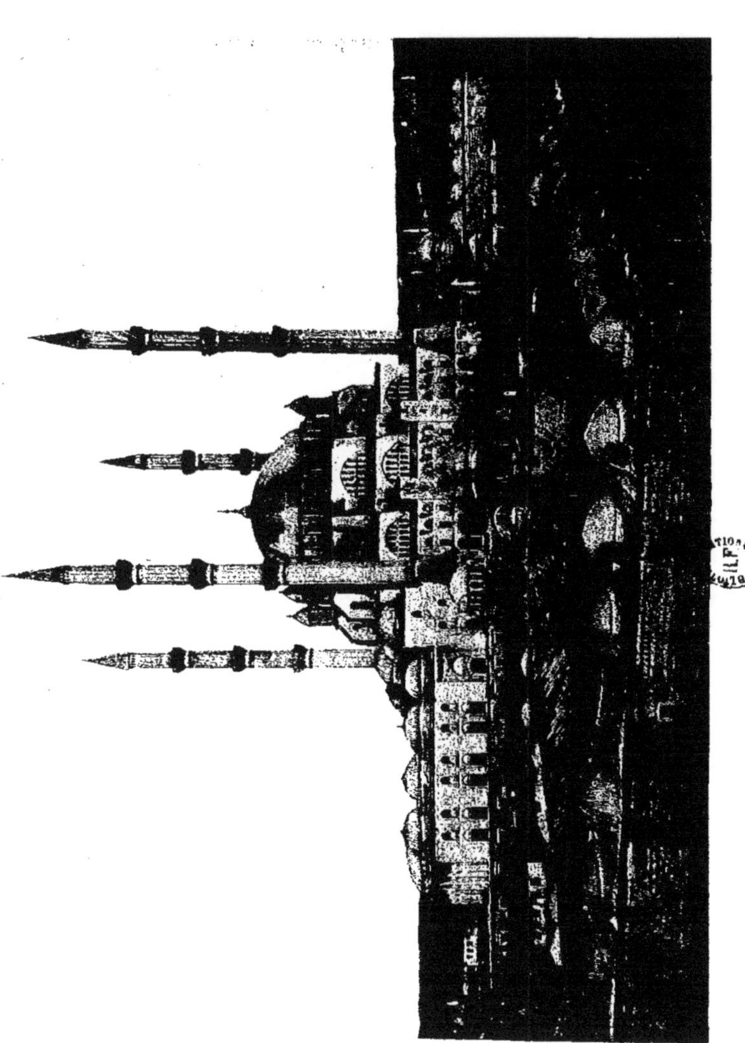

La Mosquée de Sélim Ier, à Andrinople (1570-1574).

Pl. XXV.

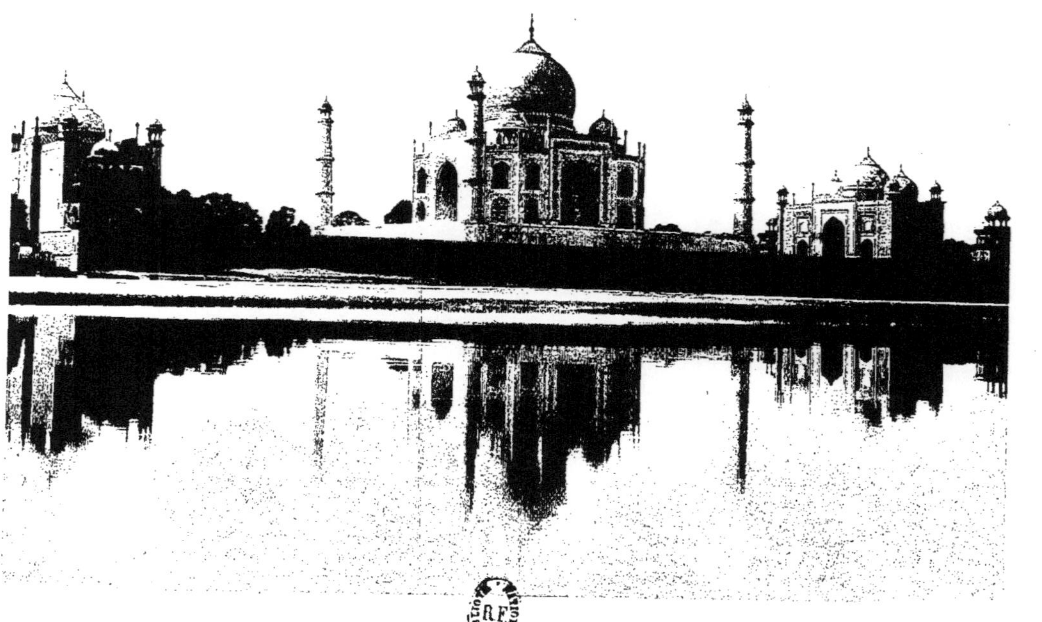

Le Tadj Mahal, à Agra (Inde)
élevé par Shah Jehan à son épouse Moumtaz Matral (1630-1647).

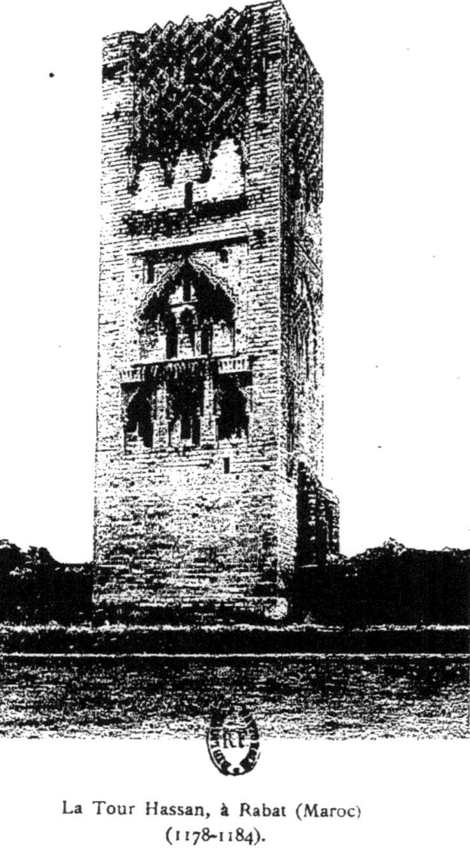

La Tour Hassan, à Rabat (Maroc)
(1178-1184).

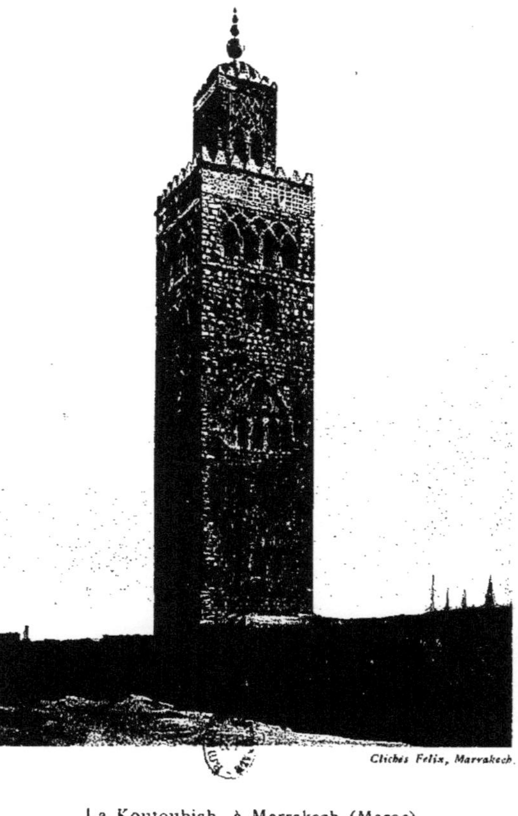

Clichés Felix, Marrakech.

La Koutoubiah, à Marrakech (Maroc)
(1169-1184).

Cliché Anderson, Rome

L'Alhambra de Grenade : cour des Lions (1354).

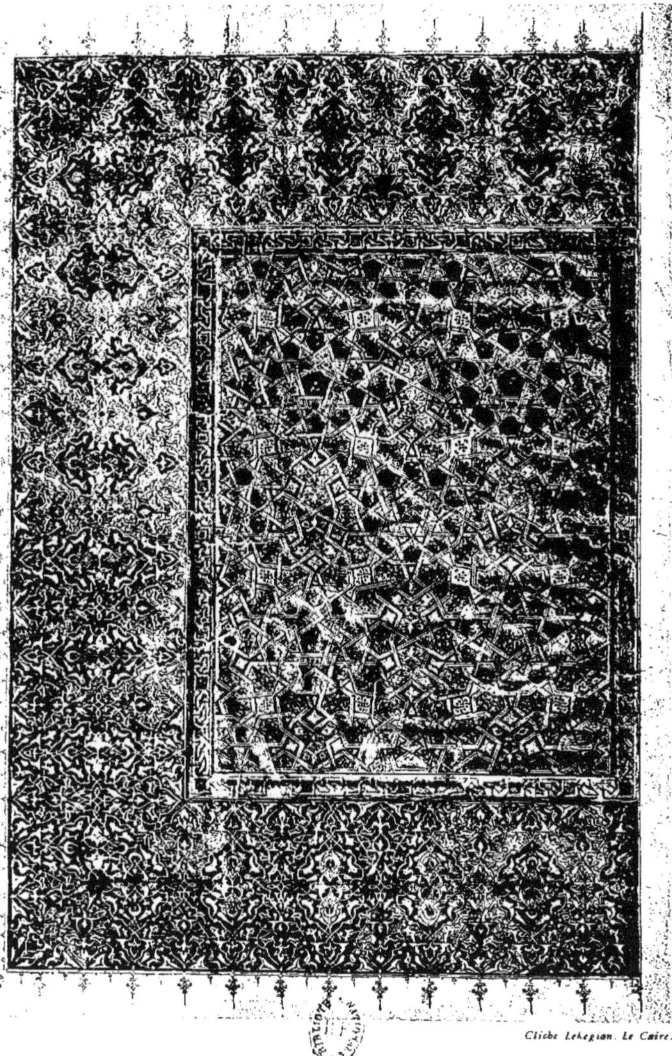

Cliché Lekegian. Le Caire.

Enluminure d'un « Coran » du sultan Chaâban (fin du XIVe siècle).
(Bibliothèque royale du Caire).

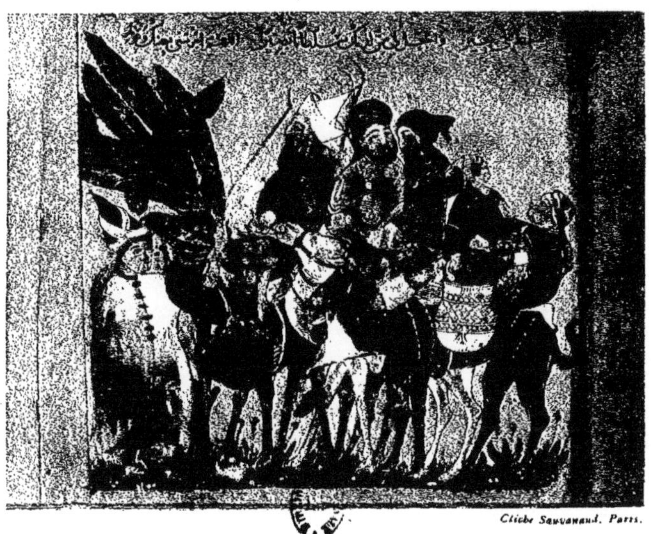

Cliché Sauvanaud, Paris.

Miniature d'un « Makamat » (1237), art mésopotamien.
(Bibliothèque Nationale de Paris, fonds Schefer).

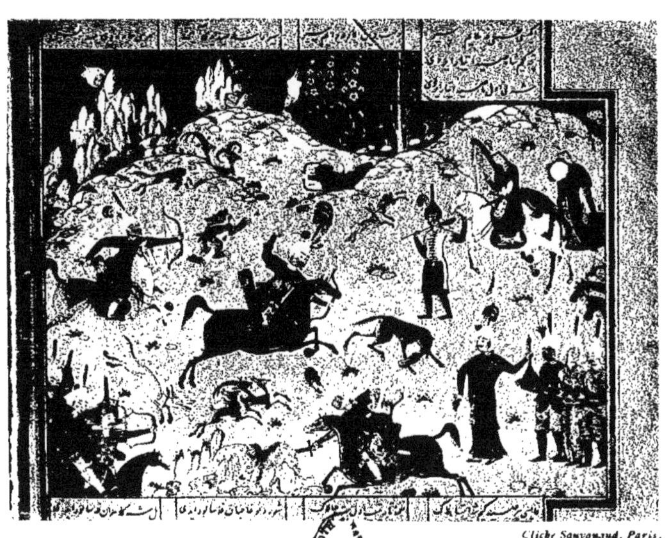

Cliché Sauvanaud, Paris.

Miniature du « Divan » de Mir Ali Shir Nevaï, art persan (xv° siècle).
(Bibliothèque Nationale de Paris).

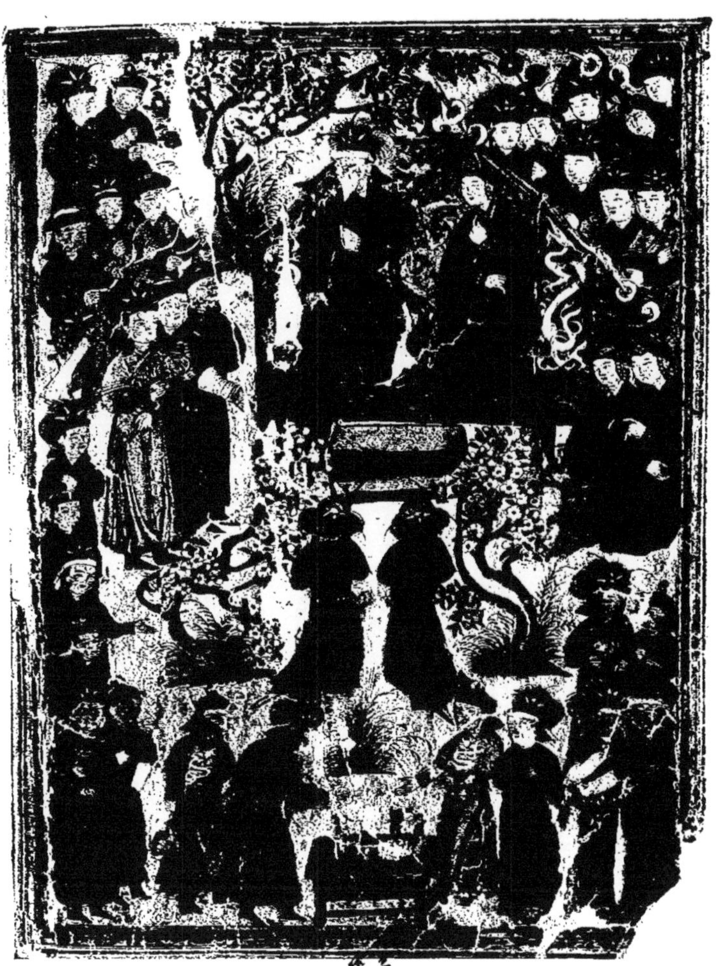

Cliché Sauvanaud, Paris.

Miniature de la « Chronique » de Rashid el din, art persan mongol (début du XIVᵉ siècle).

(Bibliothèque Nationale de Paris).

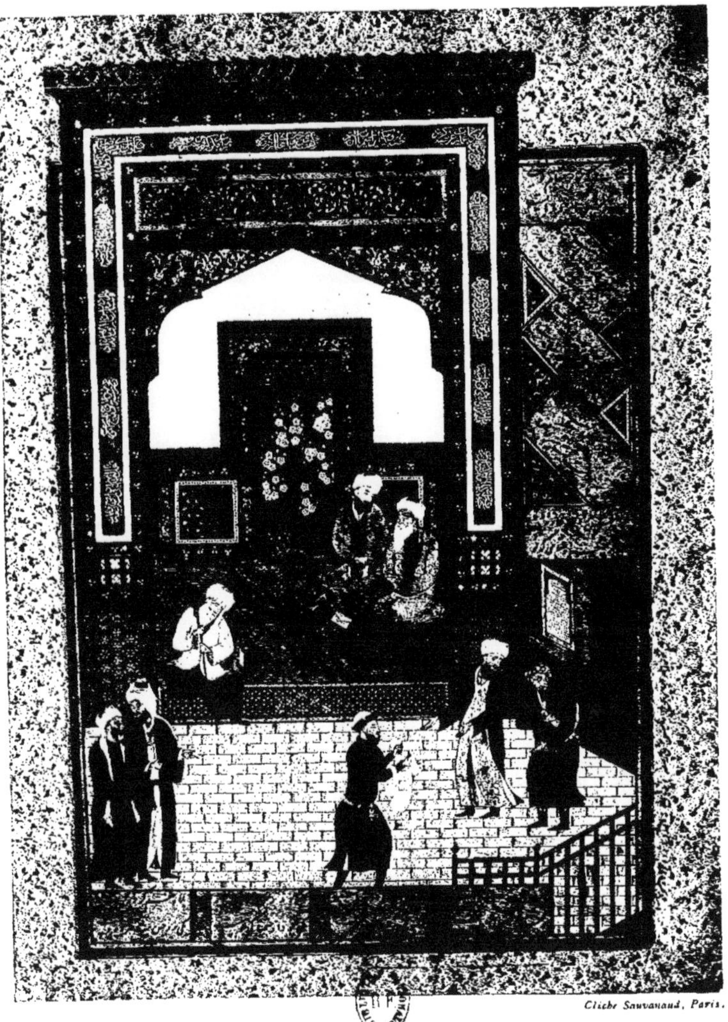

Cliché Sauvanaud, Paris.

Miniature du « Bostan » de Saadi, exécutée par Behzad (1488), art persan.
(Bibliothèque royale du Caire).

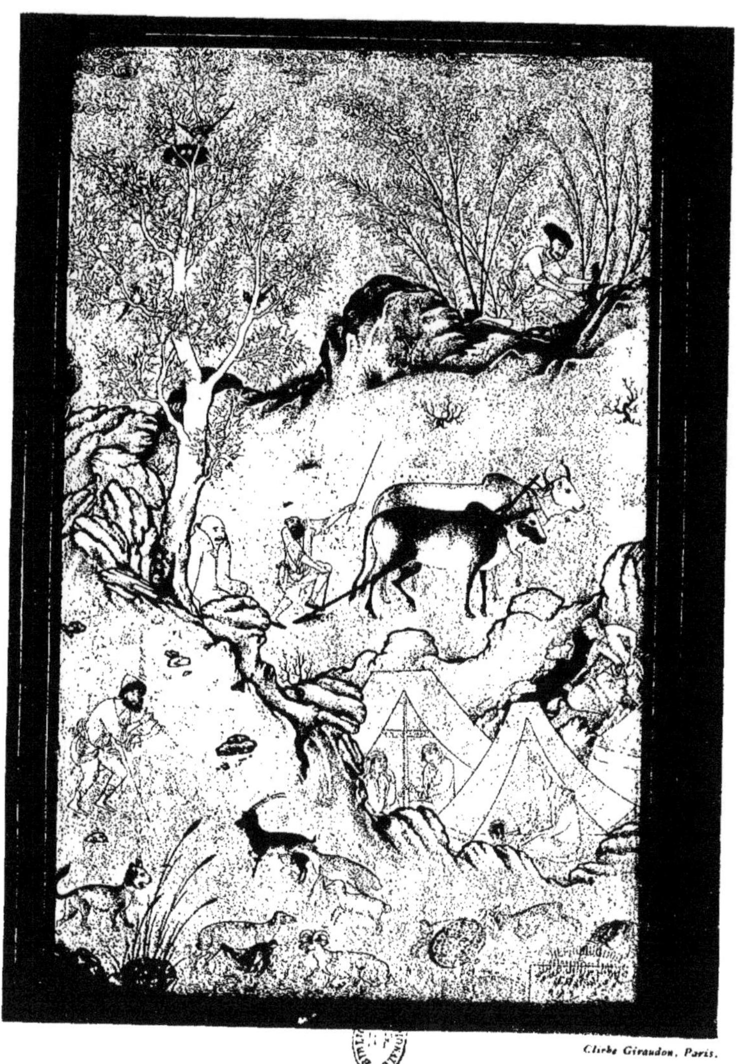

Dessin rehaussé par Mohammedi Moçawer (daté 1578), art persan.
(Musée du Louvre).

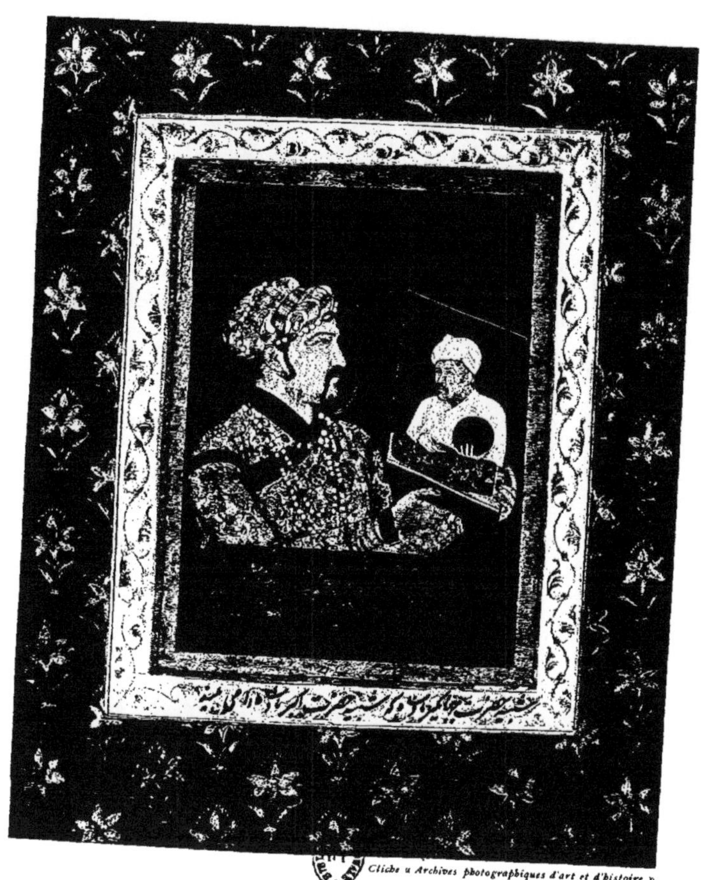

Cliché « Archives photographiques d'art et d'histoire ».

Jehangir, grand mogol de l'Inde, tenant le portrait de son père Akbar, miniature hindoue (xviie siècle).
(Musée du Louvre).

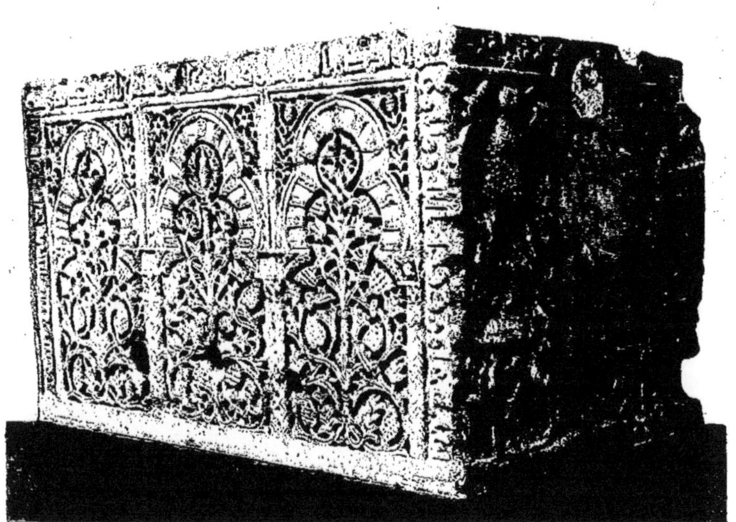

Cliché Laurent, Madrid.

Cuve à ablutions en pierre (datée 988), art arabe d'Espagne.
(Musée archéologique de Madrid).

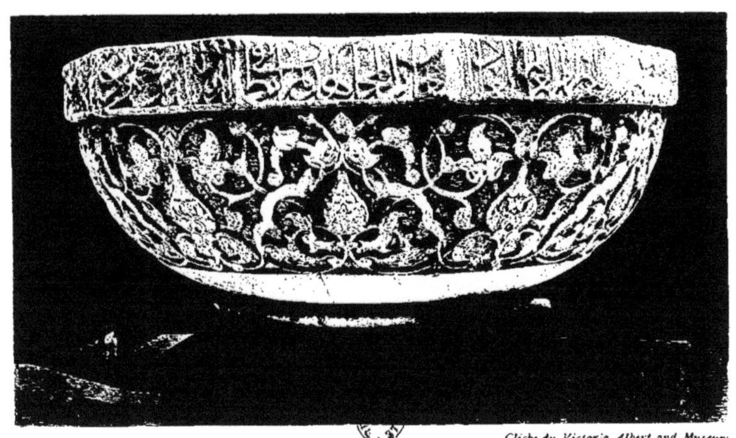

Cliché du Victoria Albert and Museum.

Vasque en marbre de Hamah (Syrie) (datée 1278), art syrien.
(Victoria and Albert Museum, Londres).

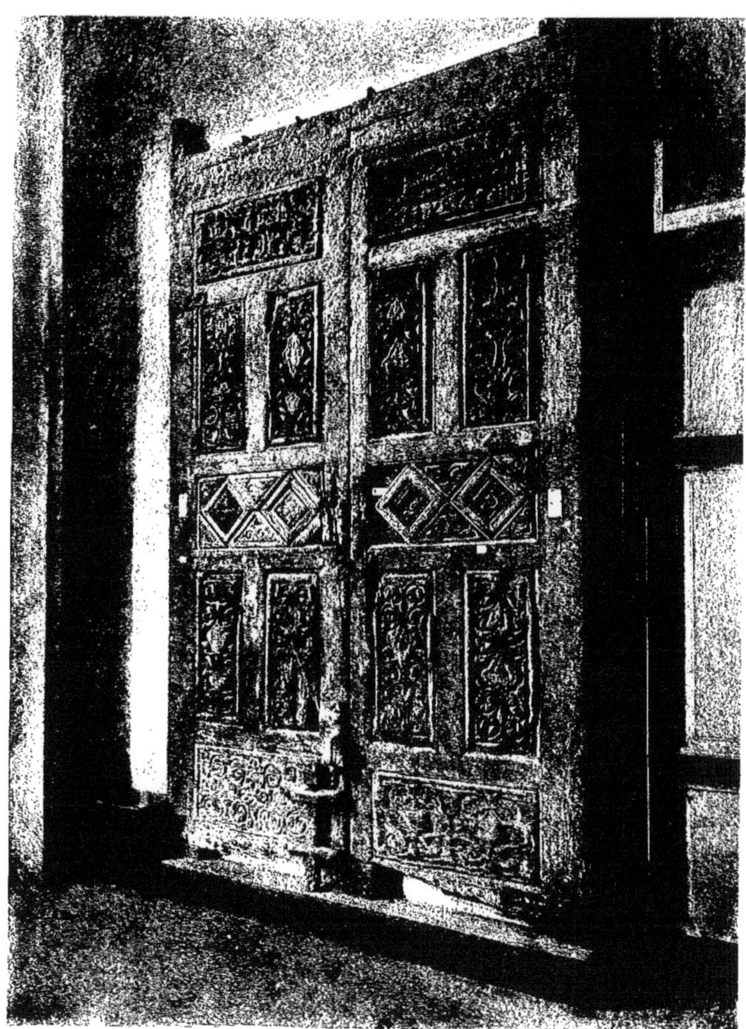

Cliché Lekegian, Le Caire

Porte en bois de la mosquée d'al Hakim (début du XIe siècle), art arabe du Caire.
(Musée arabe du Caire).

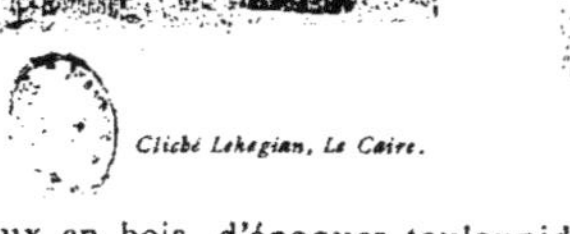

Cliché Lekegian, Le Caire.

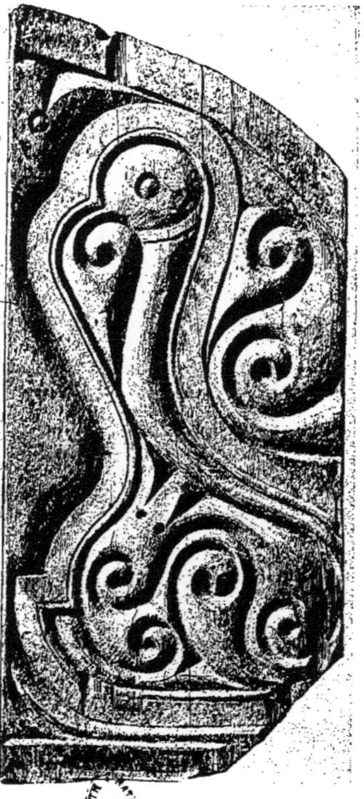

Cliché A. Morancé, Paris.

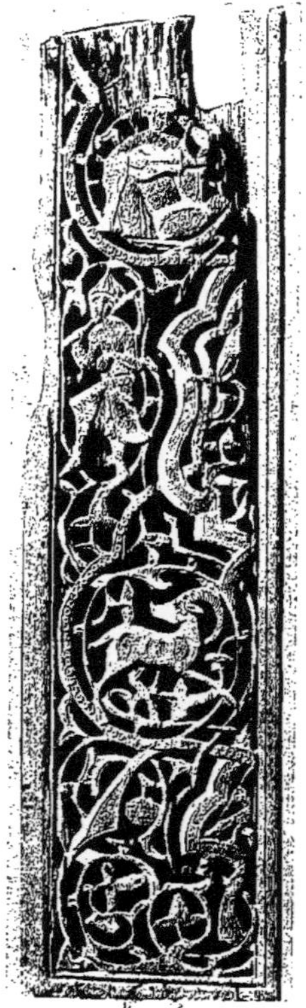

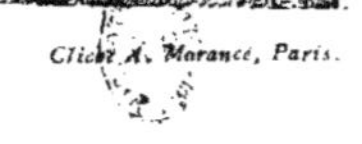

Cliché A. Morancé, Paris.

Panneaux en bois, d'époques toulounide et fatimide (IXe et Xe siècles), art du Caire.

(1 : Musée arabe du Caire; 2 et 3 : Musée du Louvre).

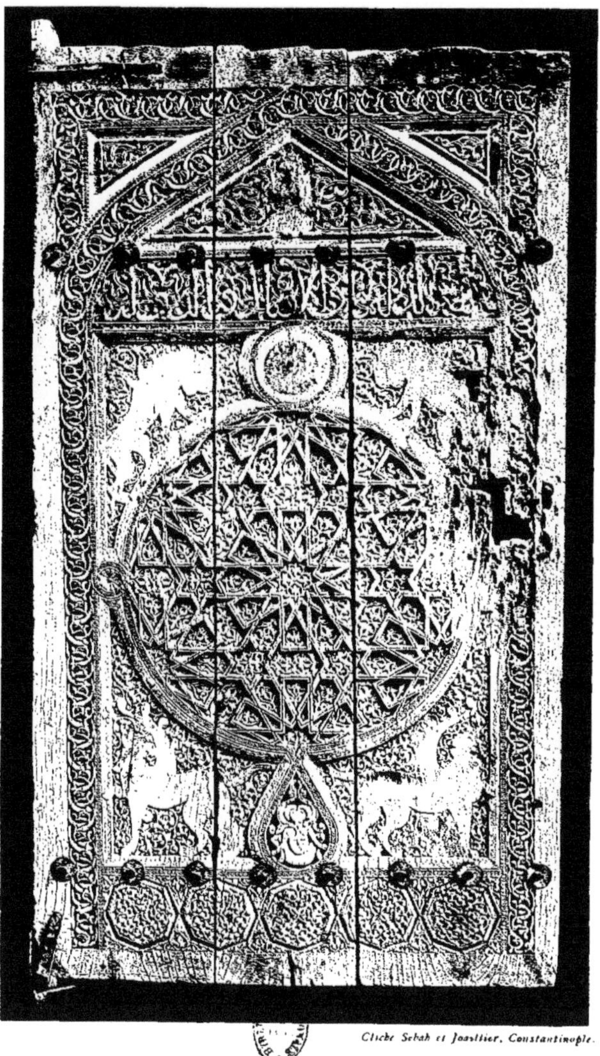

Cliché Sebah et Joaillier, Constantinople.

Porte en bois, art seldjouk (XIIIᵉ siècle).
(Musée de Constantinople).

Pl. XXXVIII.

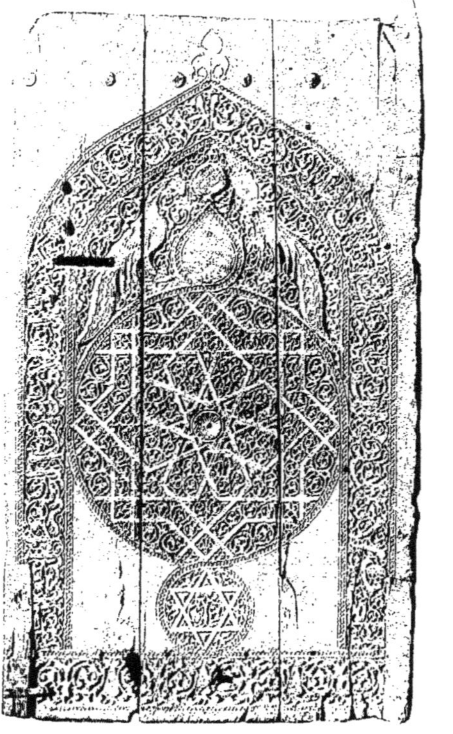

Vantail de porte en bois,
art seldjouk de Konieh (XIIIe siècle).
(Musée de Constantinople).

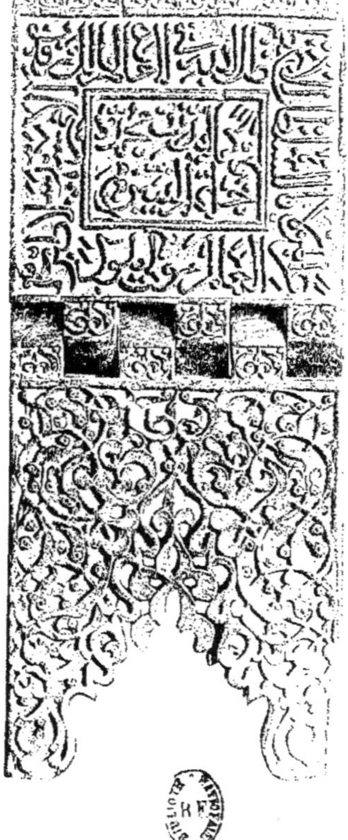

Pupitre en bois, art turc.
(XVe siècle).
(Musée de Constantinople).

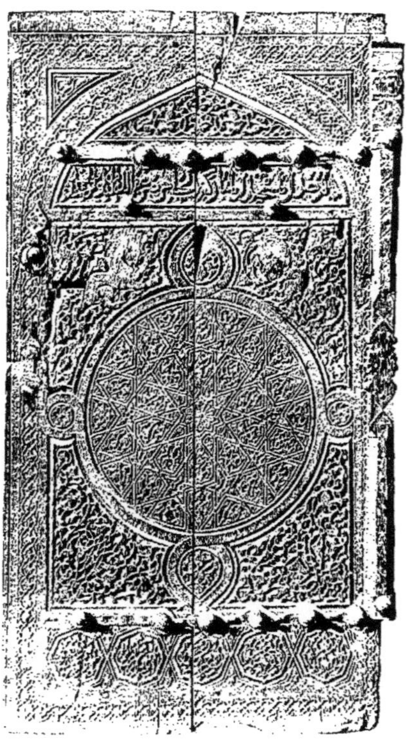

Cliché Sebah et Joaillier. Constantinople.

Vantail de porte en bois,
art seldjouk de Konieh (XIIIe siècle).
(Musée de Constantinople).

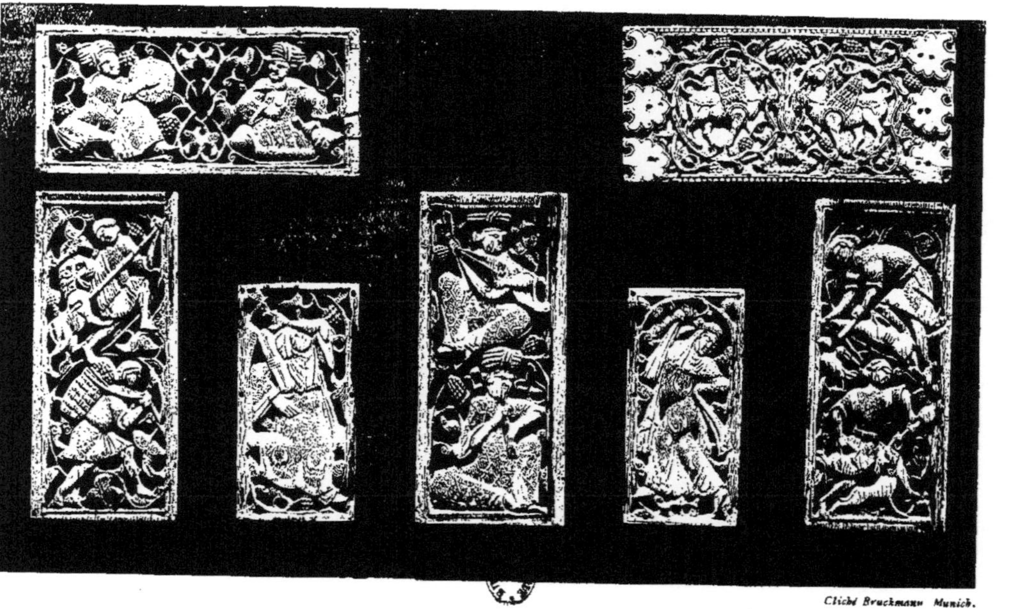

Cliché Bruckmann Munich.

Plaques de coffrets en ivoire, art fatimide d'Égypte (XIe siècle).
(Collection Carrand, Musée du Bargello, Florence).

Pl. XL.

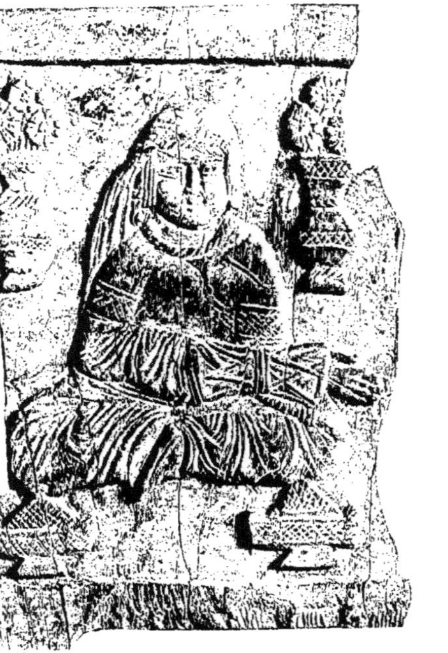

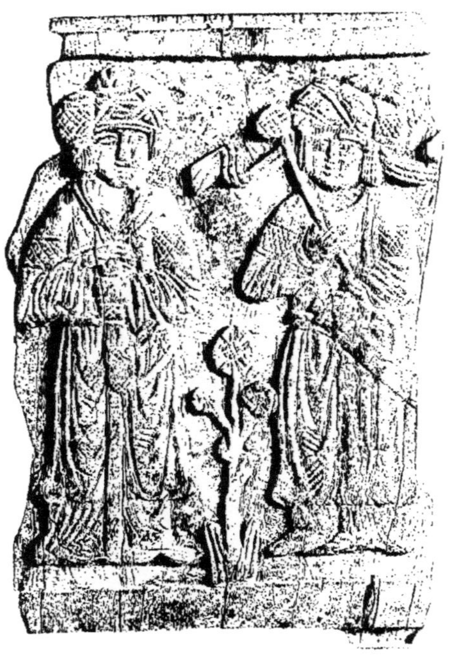

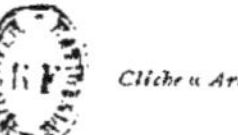

Plaque en ivoire (face et revers), art mésopotamien ou persan (avant le XIIIe siècle).
(Musée du Louvre).

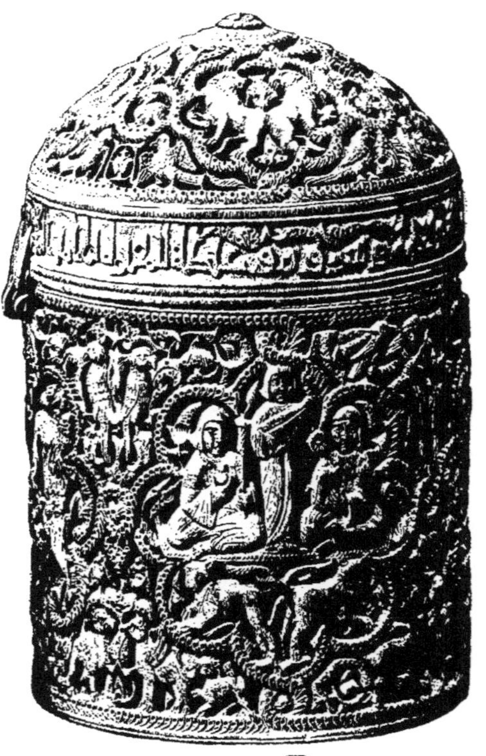

Cliché Giraudon, Paris.

Boîte en ivoire au nom d'al Mugirat,
fils d'Abd er Rahman III, khalife de Cordoue,
(datée 968), art hispano-moresque.
(Musée du Louvre).

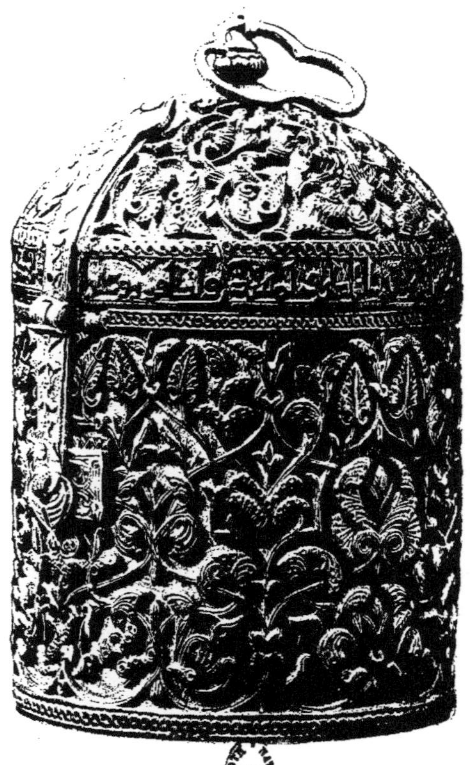

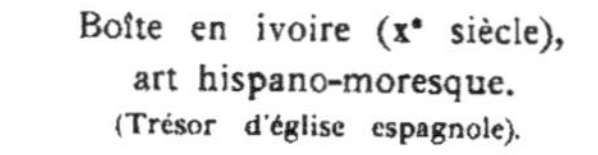

Boîte en ivoire (xe siècle),
art hispano-moresque.
(Trésor d'église espagnole).

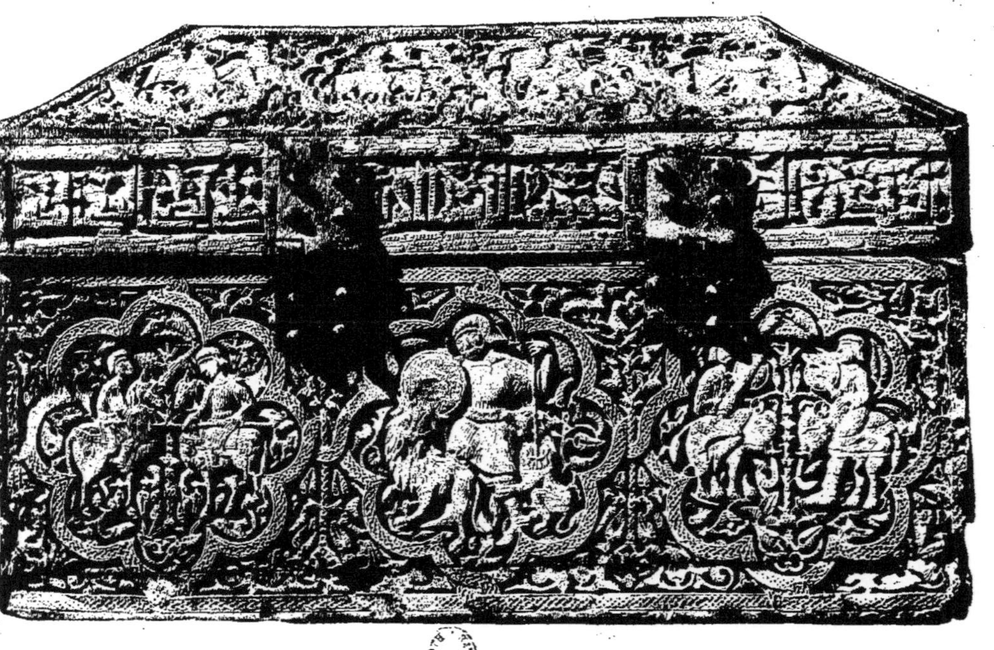

Cliché Laurent, Madrid.

Coffret en ivoire, au nom d'Abd al Malik ben al Mansour (daté 1005), art hispano-moresque.
(Cathédrale de Pampelune).

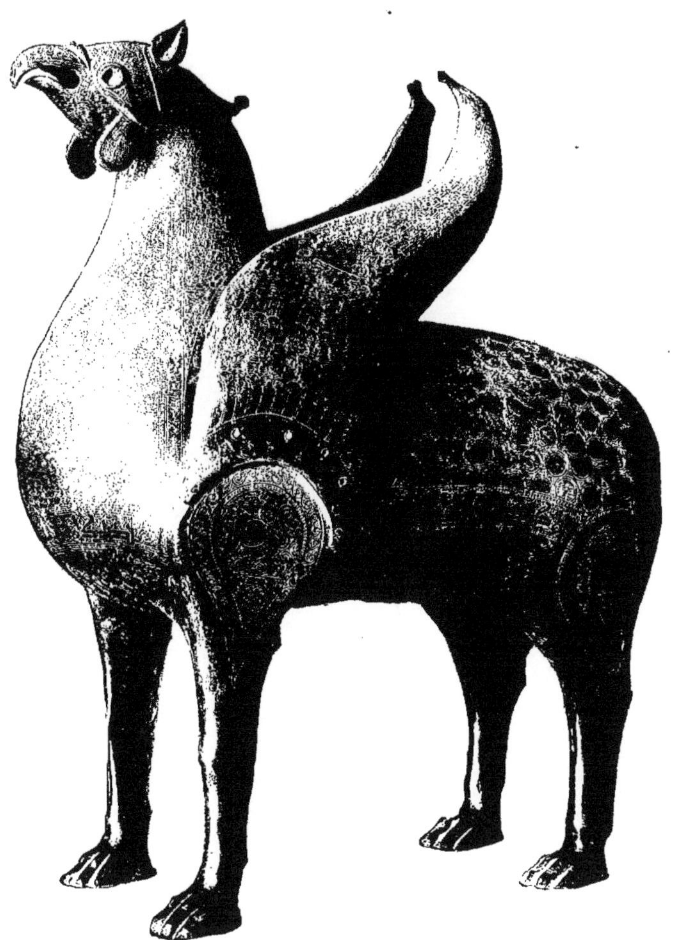

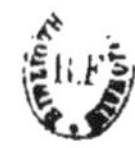

Griffon en bronze, art fatimide (xie siècle).
(Campo Santo de Pise).

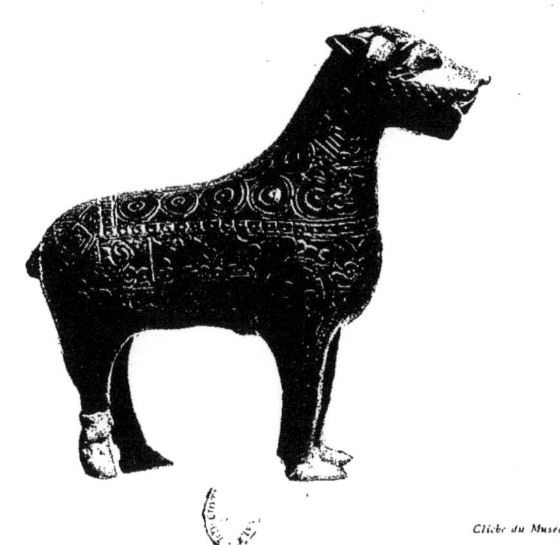

Cliché du Musée du Bargello

Cheval en bronze, pièce de fontaine, art fatimide, XIe siècle.
Collection Carrand, Musée du Bargello, Florence).

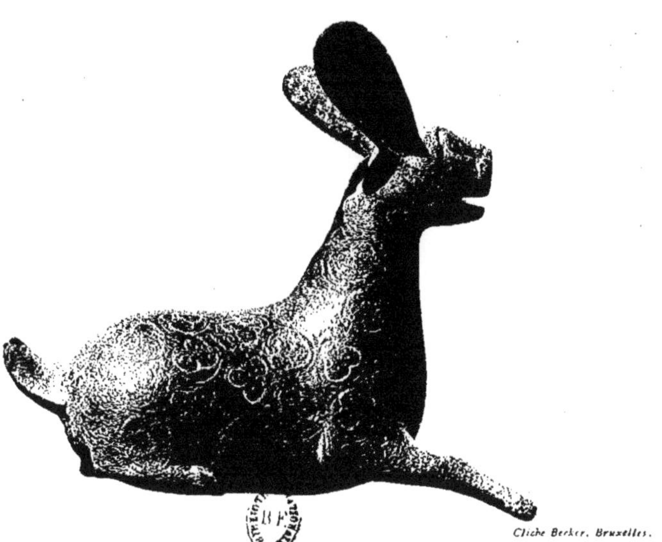

Cliché Becker, Bruxelles.

Lièvre en bronze, pièce de fontaine, art fatimide (XIe siècle).
(Collection Stoclet, Bruxelles).

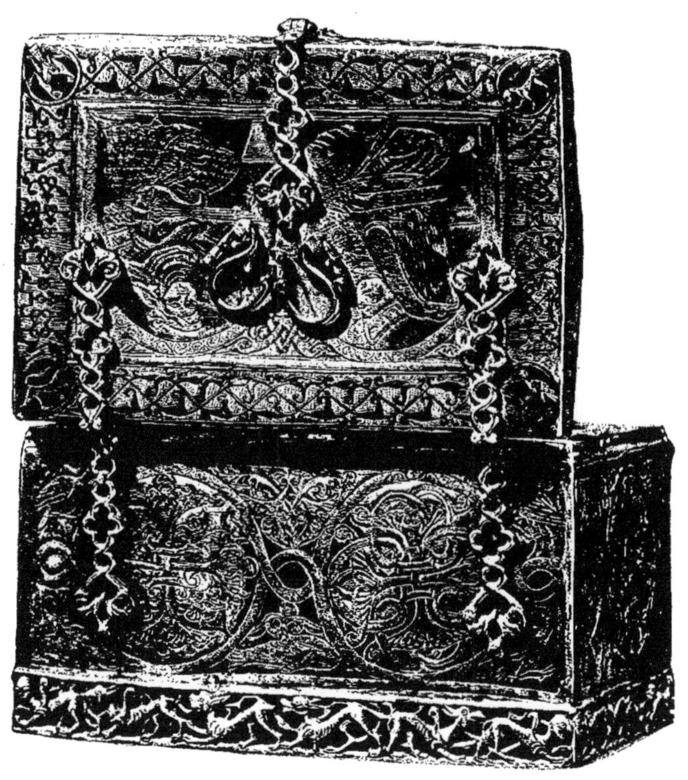

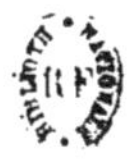

Cliché Alinari.

Coffret en argent gravé et niellé, art mésopotamien (XIe-XIIe siècles).
(Trésor de Saint-Marc, Venise).

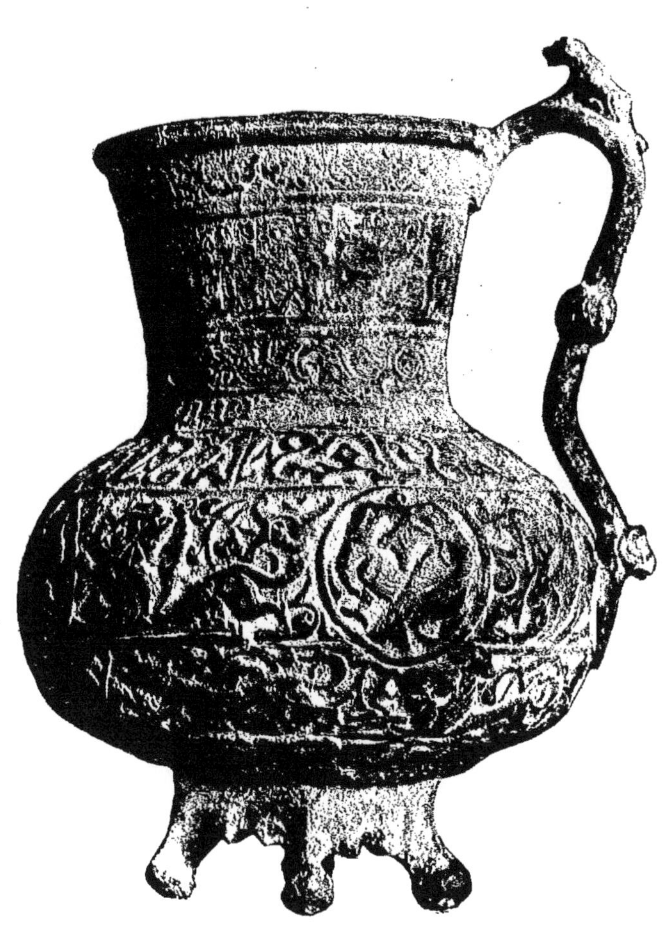

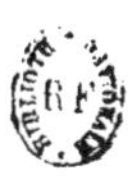

Cliché Bruckmann, Munich.

Aiguière en argent repoussé, art persan (XIIe-XIIIe siècles).
(Kaiser Friedrich Museum, Berlin).

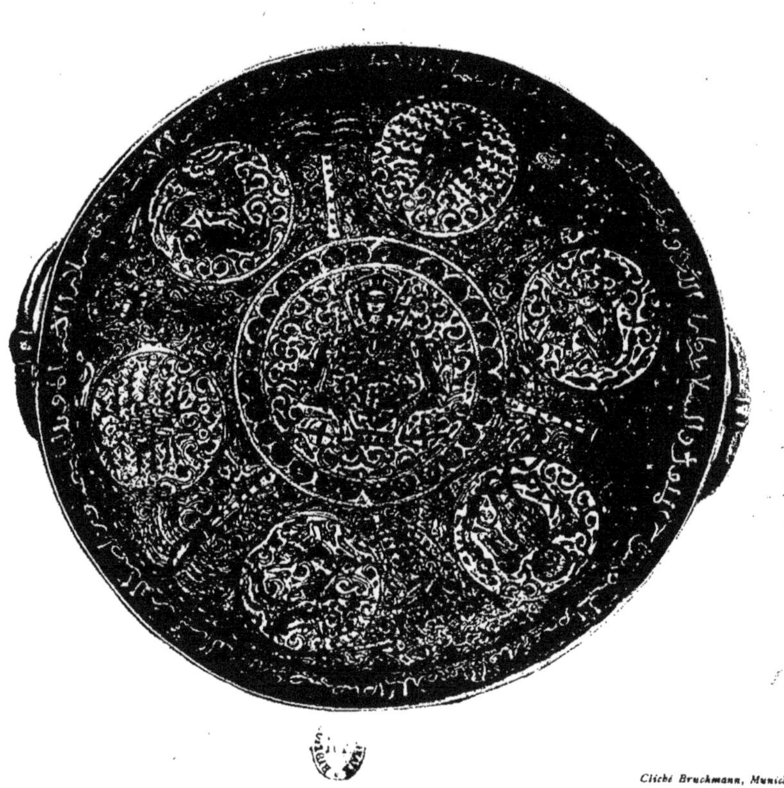

Bassin en cuivre et émaux champlevés, au nom d'un prince ortokide d'Amida (Diarbekir), art mésopotamien (milieu du XIIe siècle).
(Musée Ferdinandeum, Innsbruck).

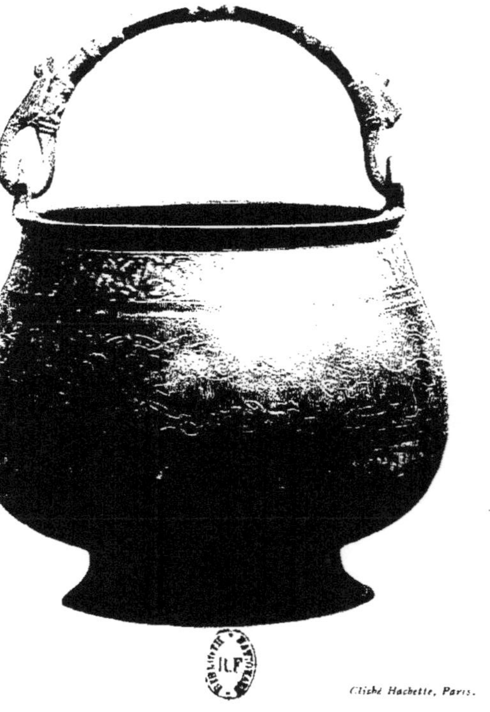

Chaudron en cuivre gravé, art persan (XIIe siècle).
(Collection A. Curtis, Paris).

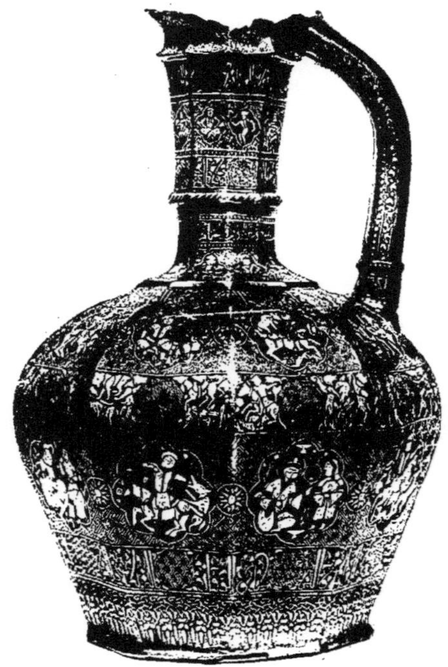

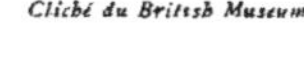

Aiguière en cuivre incrusté d'argent
(datée 1232), Mossoul.
(British Museum, Londres).

Pl. XLIX.

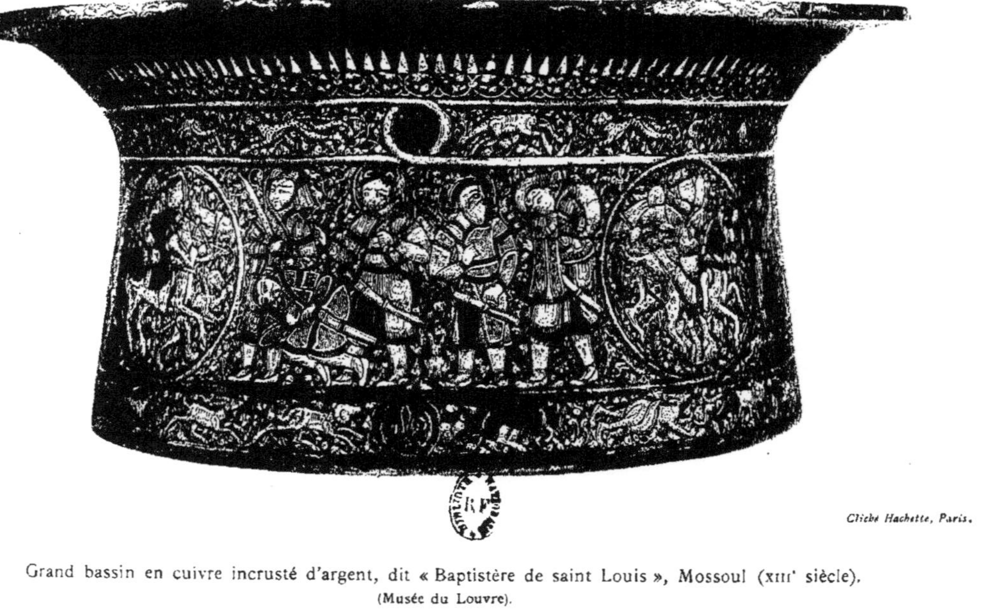

Grand bassin en cuivre incrusté d'argent, dit « Baptistère de saint Louis », Mossoul (XIIIe siècle).
(Musée du Louvre).

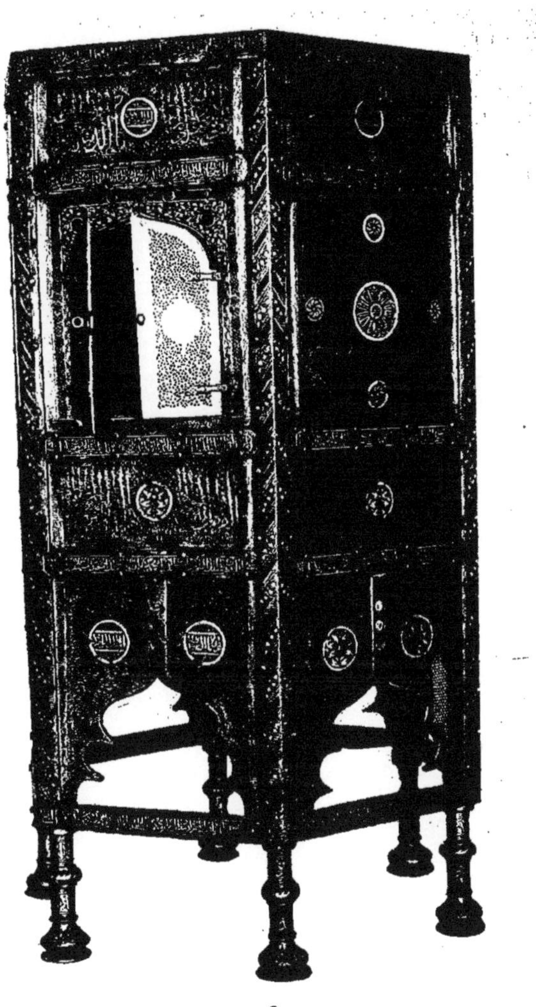

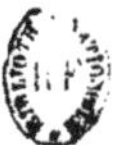

Cliché Lekegian, Le Caire.

Koursi en cuivre incrusté d'argent, exécuté pour le sultan Malik en Nassir du Caire (daté 1327).
(Musée arabe du Caire).

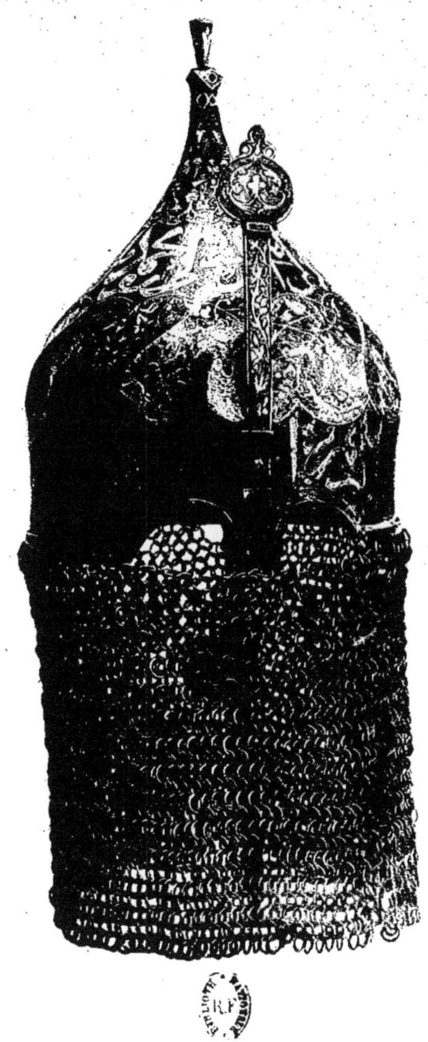

Casque en fer incrusté d'argent, art syro-turc (XIVe ou XVe siècle).
(Collection du baron Nathaniel de Rothschild, Vienne).

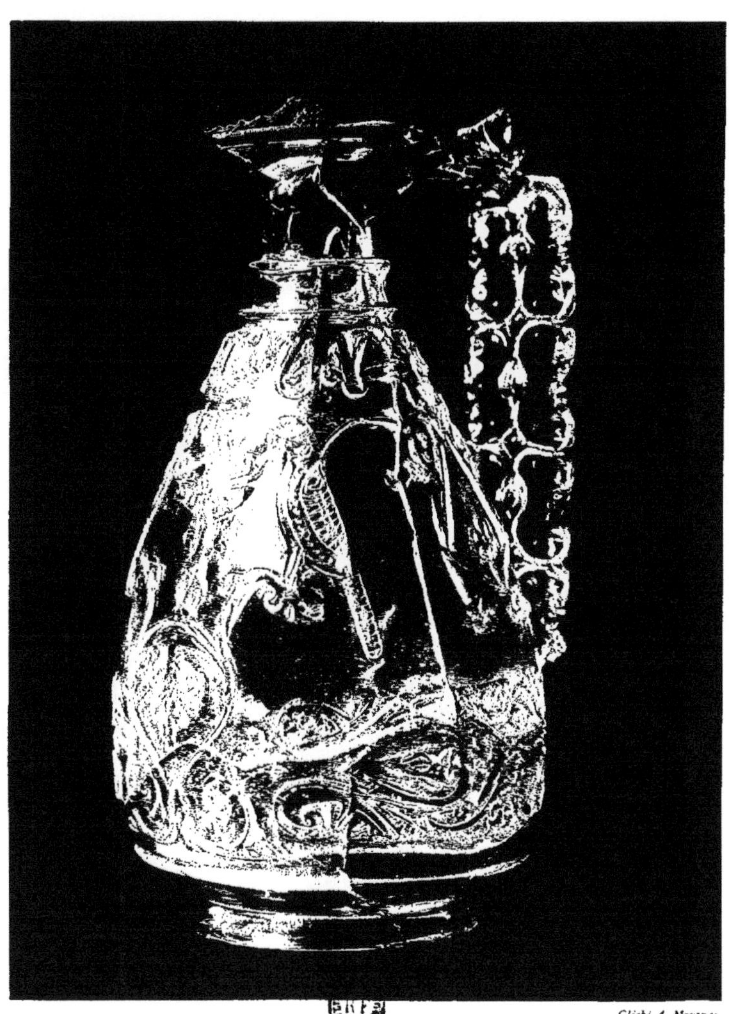

Cliché A. Morancé.

Aiguière en cristal de roche provenant du trésor de l'abbaye de Saint-Denis, art fatimide du Caire (xie siècle).

(Musée du Louvre).

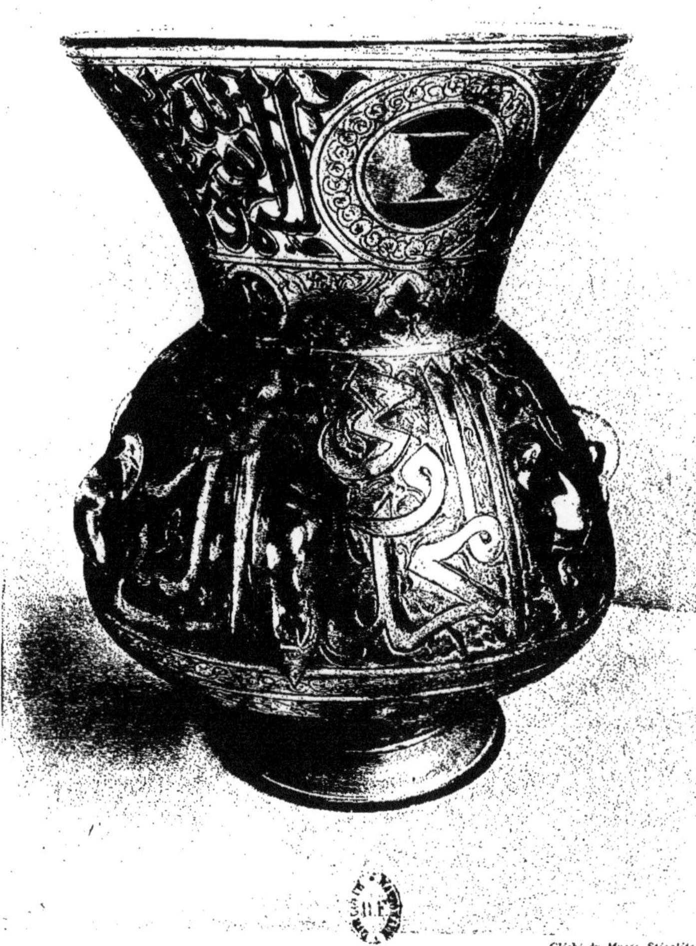

Lampe de mosquée en verre émaillé, art syro-égyptien (XIVe-XVe siècles).
(Musée Stieglitz, Petrograd).

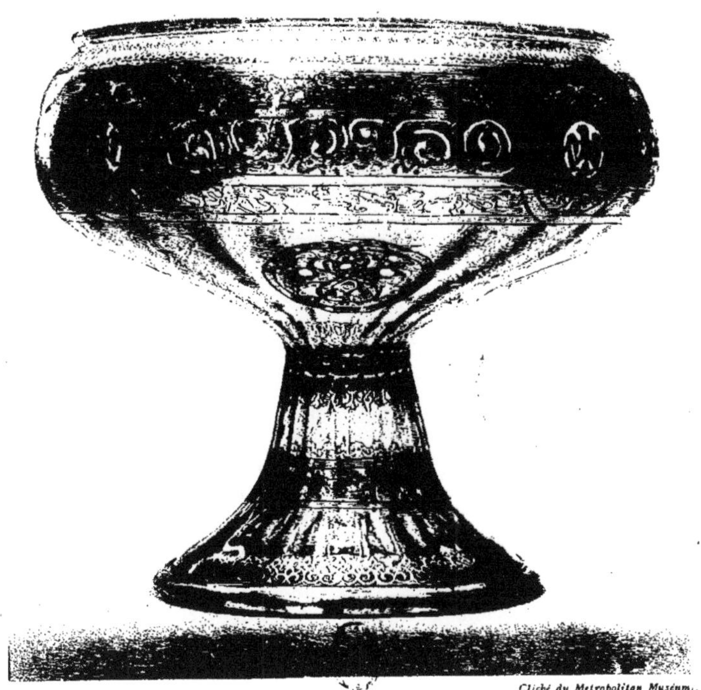

Cliché du Metropolitan Muséum.

Coupe en verre émaillé, art syro-égyptien (début du XIVe siècle).
(Metropolitan Museum. New-York).

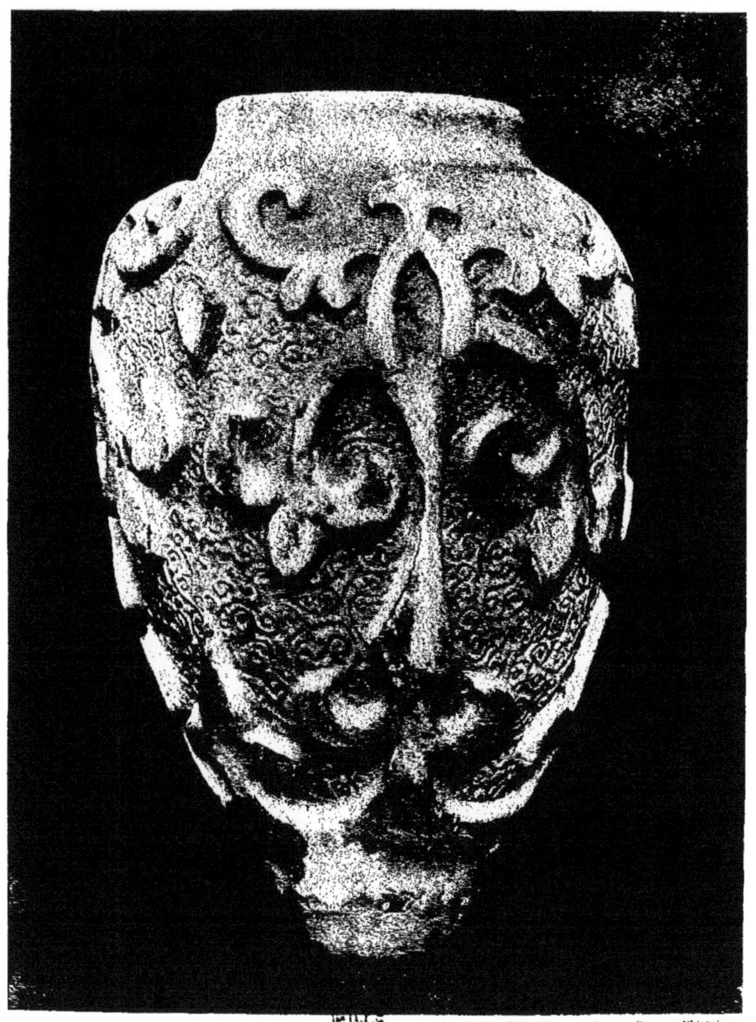

Cliché « Archives photographiques d'art et d'histoire ».

Vase en faïence à décor en relief, couverte blanche, art persan (XIe siècle).
(Musée du Louvre).

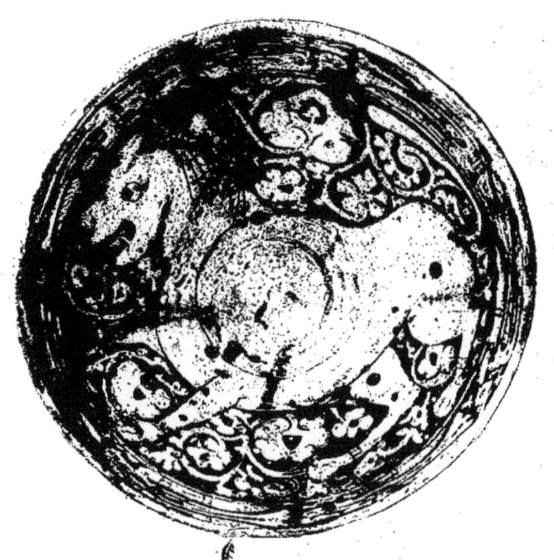

Cliché « Archives photographiques d'art et d'histoire ».

Bassin en faïence à décor gravé d'un lion, art persan (IXe ou Xe siècle).
(Musée du Louvre).

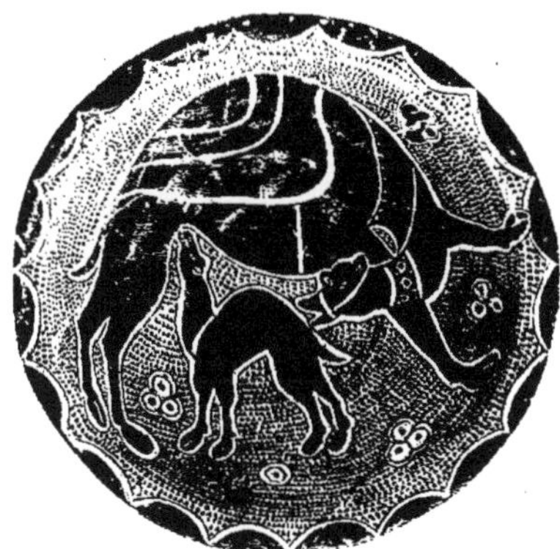

Cliché « Archives photographiques d'art et d'histoire »

Coupe en faïence à décor lustré, art persan de Rhagès (Xe ou XIe siècle).
(Musée du Louvre).

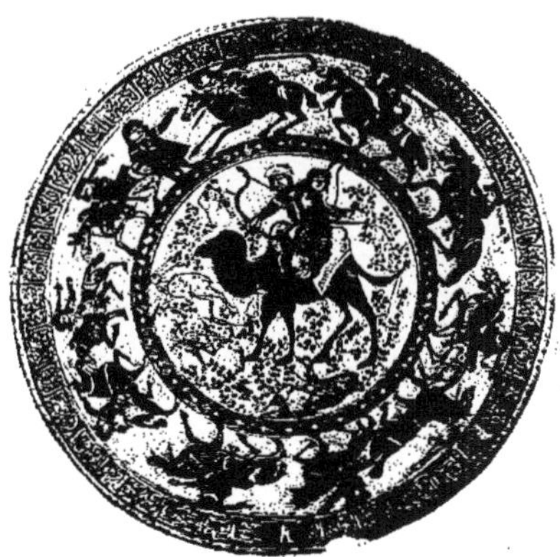

Cliché de M. Engel-Gros.

Coupe en faïence à décor polychrome, art persan de Rhagès (XIIIe siècle).
(Ancienne collection Engel-Gros).

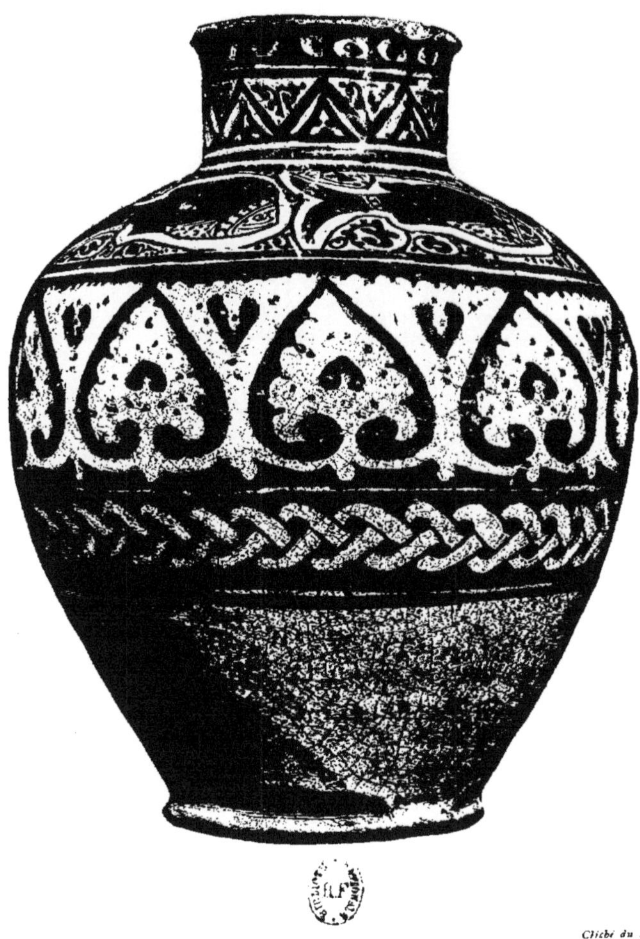

Cliché du Dr Fouquet.

Vase en faïence à décor lustré, art fatimide du Caire (XIe siècle).
(Ancienne collection du Dr Fouquet).

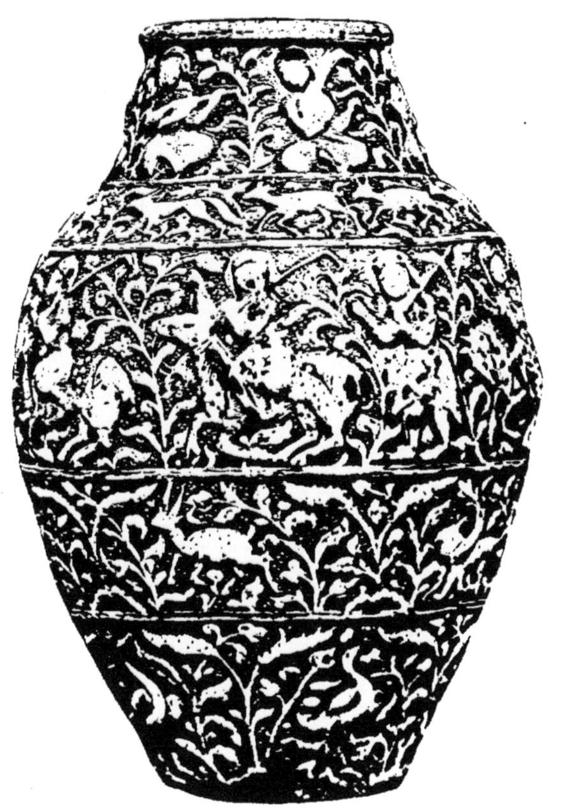

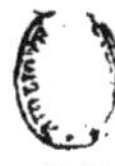

Cliché du Musée de l'Ermitage.

Vase en faïence à décor en relief lustré, art persan (XIVe siècle).
(Musée de l'Ermitage, Petrograd)

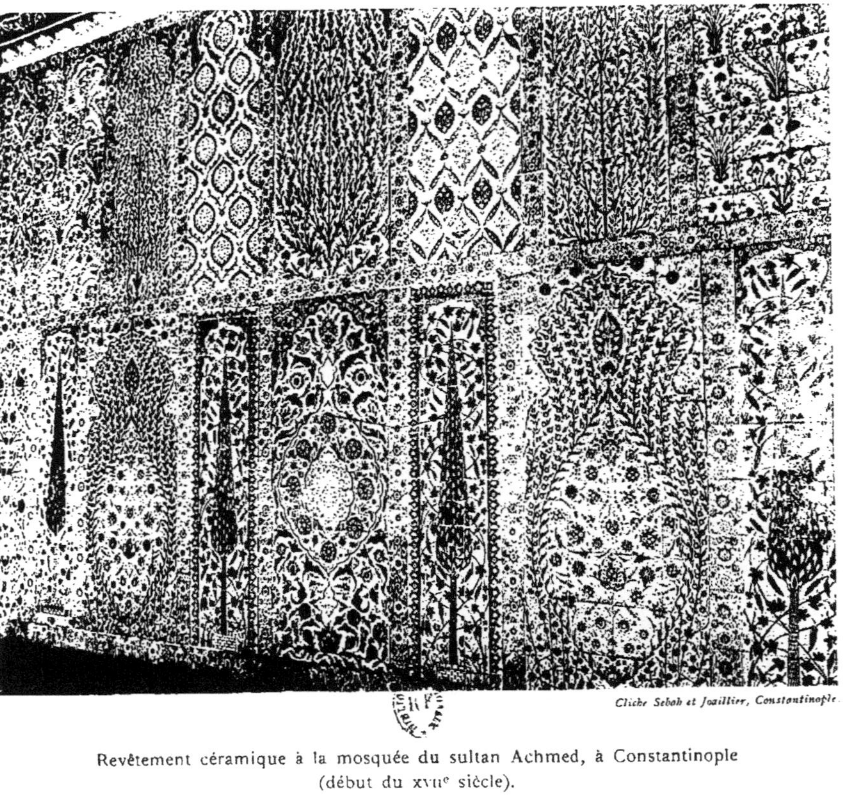

Cliché Sebah et Joaillier, Constantinople.

Revêtement céramique à la mosquée du sultan Achmed, à Constantinople
(début du XVIIe siècle).

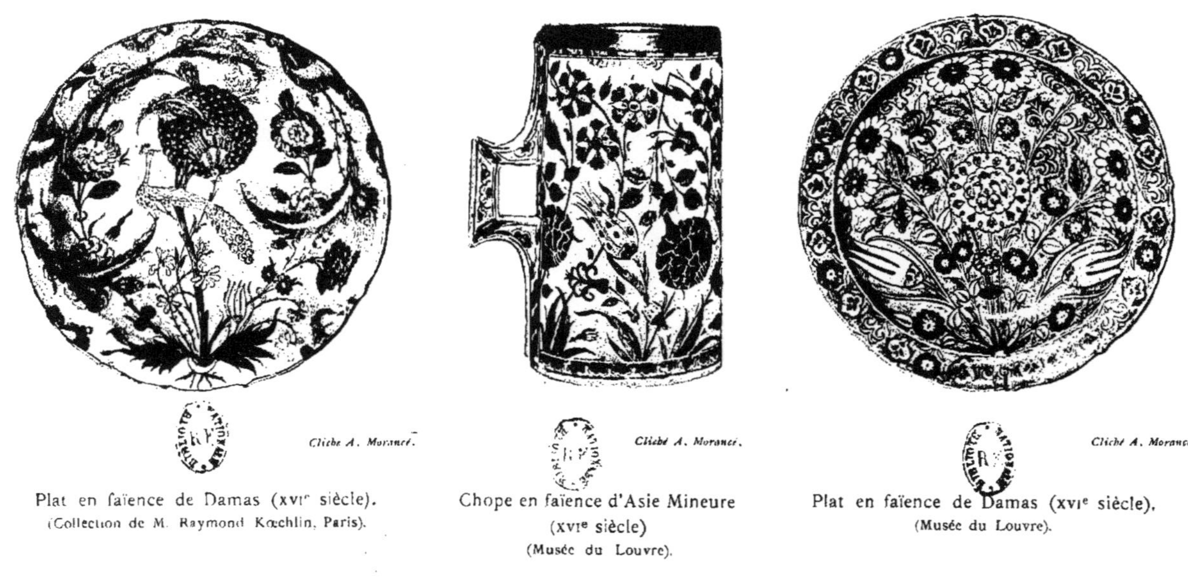

Cliché A. Morancé.

Plat en faïence de Damas (xvie siècle).
(Collection de M. Raymond Kœchlin, Paris).

Cliché A. Morancé.

Chope en faïence d'Asie Mineure
(xvie siècle)
(Musée du Louvre).

Cliché A. Morancé.

Plat en faïence de Damas (xvie siècle).
(Musée du Louvre).

Cliché Sauvanaud, Paris

Plat en faïence lustrée, art hispano-moresque, Valence
(xve siècle).
(Musée du Louvre).

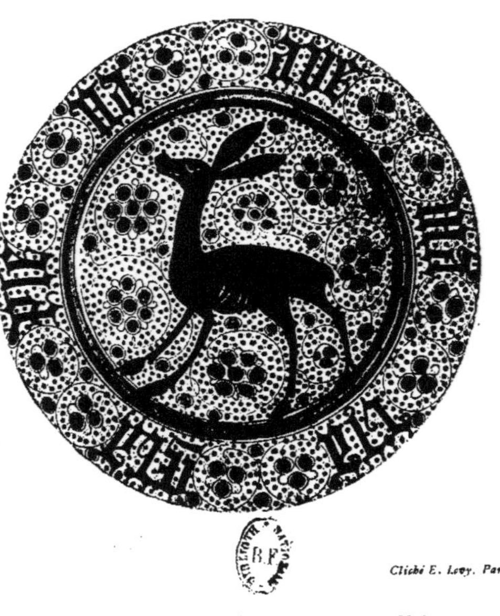

Cliché E. Lévy. Paris.

Plat en faïence lustrée, art hispano-moresque, Valence
(xve siècle).
(Collection de M. A. Personnaz. Bayonne).

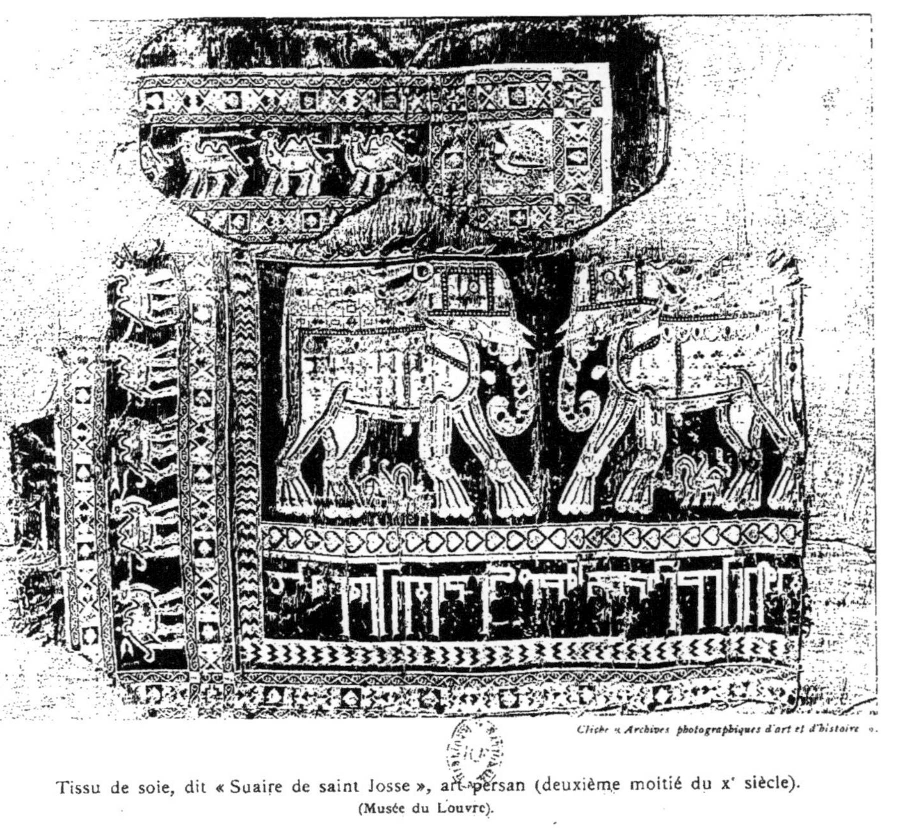

Cliché « Archives photographiques d'art et d'histoire ».

Tissu de soie, dit « Suaire de saint Josse », art persan (deuxième moitié du xᵉ siècle).

(Musée du Louvre).

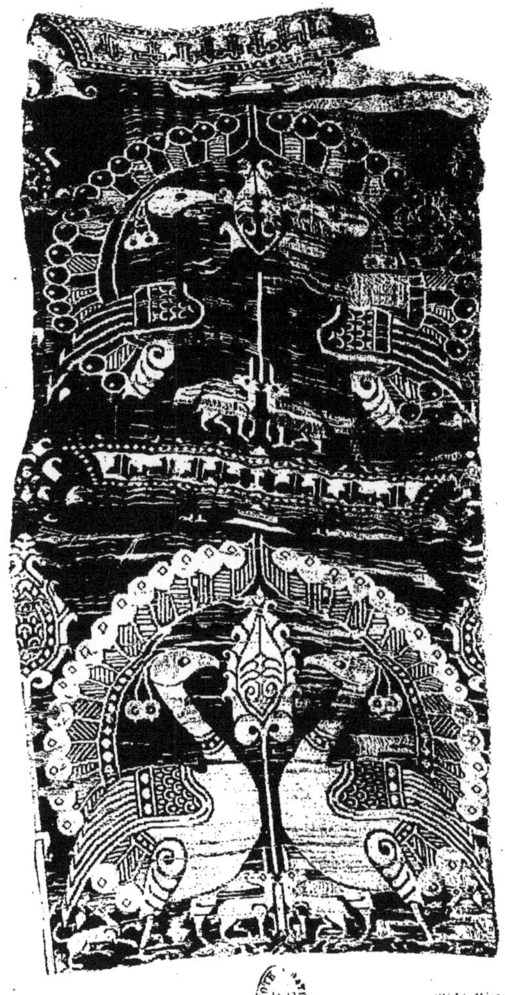

Cliché Alinari, Florence.

Tissu de soie, art sicilien ou hispano-moresque (XIe-XIIe siècles).
(Musée de Cluny, Paris).

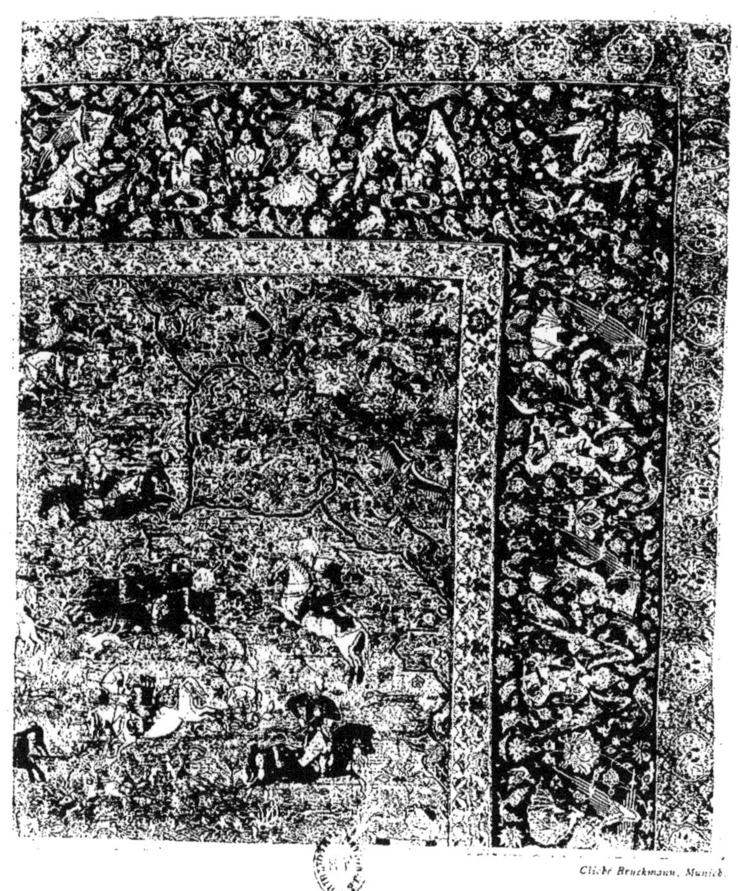

Cliché Bruckmann, Munich.

Tapis de soie à sujets de chasse, art persan (XVIe siècle).
(Château de Schönbrunn, Autriche)

www.ingramcontent.com/pod-product-compliance
Ingram Content Group UK Ltd.
Pitfield, Milton Keynes, MK11 3LW, UK
UKHW022106260726
13993UKWH00001B/348

9 782329 194905